一公分跳水

1cm Diving

不多不少，在現實中尋找
逃脫恰好一公分的幸福

1cm 다이빙 :
현실에서 딱 1cm 벗어나는
행복을 찾아 , 일센치 다이빙

泰秀（태수）、文禎（문정）著
簡郁璇 譯

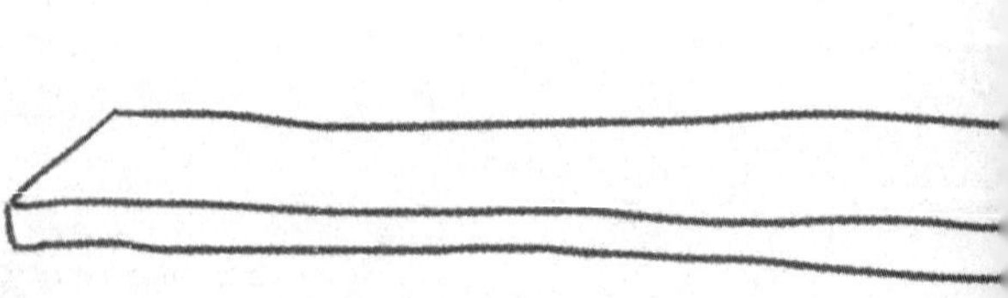

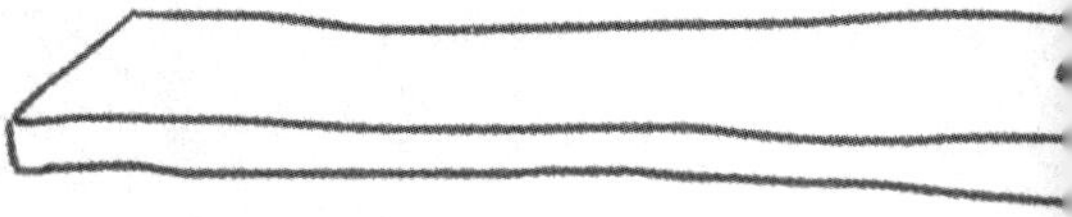

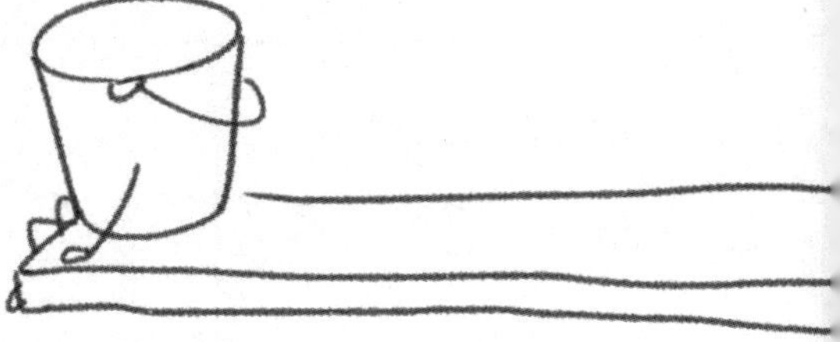

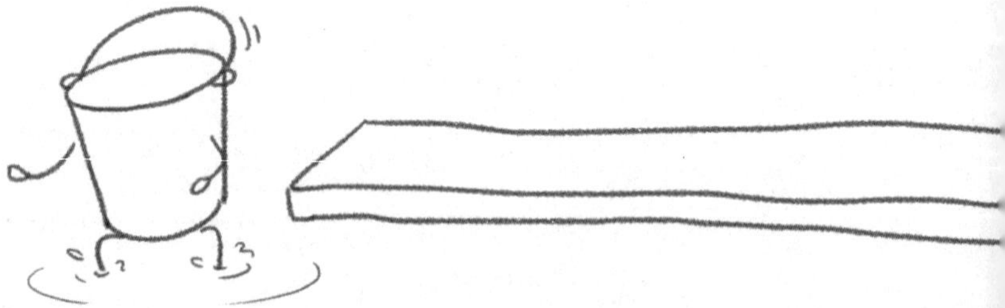

Contents

第三章 大口吸氣——跳水之前，最後的暖身動作

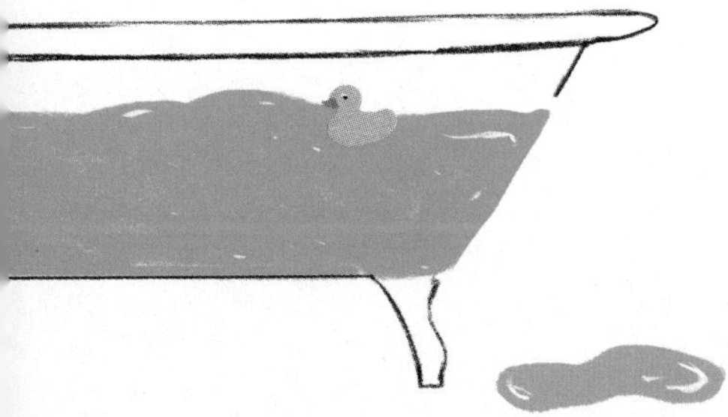

好評推薦

「原來最簡單的就是最實際的；最微不足道的就是最重要的；最平凡的就是最幸福的。你需要的小小勇氣就在這裡了。」

——民謠樂團理想混蛋主唱雞丁

「我們對過去的詮釋，常常投射到未來，形成我們的命運。我們過去喜歡的，我們未來會想重複；我們過去厭惡的，我們未來會想避開。藉著這本書，重新整理自己對過去的觀感，可以有更自由的未來。」

——洪仲清，臨床心理師

「『就算在一無所有的狀態下，我們也想保有帥氣！』在此書這樣的邀請下，我成為了《一公分跳水》計畫的三號參與者。讓我們一起尋找從現實中逃脫恰好一公分的小小幸福吧！」

——魏嘉瑩，創作歌手、磅蛋糕鑑賞家

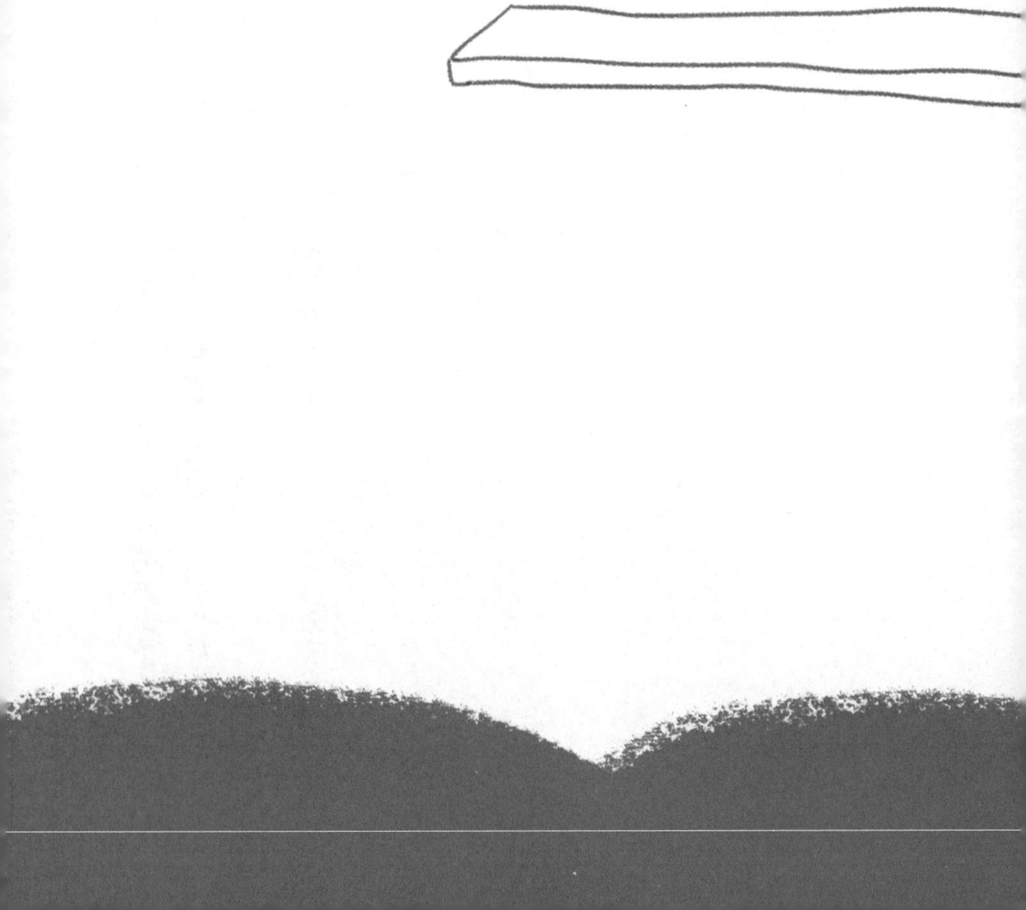

序幕

只有一公分，
應該不為過吧？

一號的開始日誌

只有一公分，應該不為過吧？

#泰秀

活到這把年紀，還是頭一遭像這樣被罵個臭頭，家人也從來不曾用這麼心灰意冷的眼神看過我。我今年三十歲，再四個月就要結婚，而我離職了。

起初說要辭掉工作時，奶奶的反應出乎意料。「好，如果你已經決定了，就這麼做吧。」我很詫異奶奶的反應比想像中冷靜，所以沒說出口，但其實內心充滿感激，只因我期望有人能毫無理由地接納這件事。隔天奶奶問我：「真的要辭職嗎？」再隔天又問：「你這孩子究竟是打算做什麼呢？」再隔天就什麼也不問了。「真不曉得泰秀在想些什麼。」驀然，我想起了一年前奶奶說的話。

「要勤奮地玩樂。」

奶奶說自己沒有想做的事。過去忙著拉拔子女長大時，一整天能想出十二件想做的事，但等到子女各自找到出路後，奶奶卻把那些都忘得一乾二淨了。「拖久了，自然就忘了。」九十二歲奶奶的人生建言，聽起來是如此沉重。

但奶奶可能沒想到我會玩這麼大，看到三十歲的孫子完全脫軌，奶奶在一年內推翻了自己的名言。

「要玩樂也要有點本錢。」

起初我的想法差不多也是這樣。所謂的幸福，就與訂機票去海邊玩耍，從高處跳下的跳水活動一樣，所以對於背負著貸款、一無所有的我來說，幸福是一種奢侈。

但我一方面又想，我能花的錢往後會變得越來越少。時間是如此，心靈餘裕是如此，勇氣就更別提了，幸福需要的一切要素，都會逐年遞減。

那我該怎麼做呢?既沒錢沒時間，沒那個閒工夫，也沒有勇氣的我，難道就應該帶著「反正這就是人生」的想法活下去嗎?我才不要。就算沒有本錢，我也想用沒本錢的方式尋找享受人生的方法。就算我不能在七公尺、五公尺，不對，就算連一公尺都不行，只能在附近澡堂跳個一公分高的水，我也想這麼做。

離職之前，我和老婆說好了四個月的期限，也確定了需要的東西。我決定開始尋找同伴。

八月九日星期五，我懷著忐忑不安的心情拿著電話說：「文禎，我想到一個好玩的點子……要不要和我一起試試看？」

一公分跳水，這項企劃就這麼開始了。

二號的開始日誌

為何那個同伴偏偏是……

#文禎

回答「好啊」並沒有花上我很長的時間，可是這個人對我的了解，好像就只有我的電話號碼。當時的我，正處於糟得不能再糟的狀態。

五十分鐘六萬韓元，起初決定接受心理諮商時聽到的就是這個價格。兩年前離職後，我一直陷入憂鬱情緒，也不知道究竟是為什麼。可能是因為公司代表說出如連珠炮似的惡言，也可能是因為自己在他面前什麼都無法回嘴，但如今只要到了晚上，我就會憤恨地跺腳踢床。是公司的問題，家裡的問題，或單純是我的個性問題，直到最後，我都不知道確切的原因是什麼。

偶爾會有朋友建議我去醫院，但我並不想這麼做。我覺得如果憂鬱症嚴重到必須接受治療，那應該是已經到了想要尋死的程度，但我依舊常常笑，能吃能喝，也會出門，只不過回家之後，我會用棉被把自己從頭到腳蓋住。最後，是媽媽受不了了。

「你不出房門也沒關係，讓媽媽看一下臉吧。」

這就是我認為就算不去醫院也要接受諮商的原因，而當時聽到的價格就是五十分鐘六萬韓元。電視上看到的心理諮商師，個個像是能擁抱所有人的活菩薩，但我毫無廉恥的雙臂卻頓時失去了依靠。

泰秀大約也是在那時打電話給我。「文禎，我想到一個好玩的點子……」老實說整件事並不怎麼好玩，反而有種馬馬虎虎、令人不安的感覺，但我心想，反正也不可能比現在更糟了嘛。

泰秀當然不知道這些事，二〇一九年八月九日下午兩點接起電話後，我掀開棉被走下床，如此回答：

「……好啊。」

像國中小屁孩的三十歲，
以及彷彿看破紅塵的二十六歲，
我們的冒險企劃就這樣開始了。

一公分跳水參加者指南

首先，有句話想對讀到這裡的你說。恭喜你，你獲選為第三位參加者。

這是二〇一九年八月九日，分別為不同問題所困擾的兩個人著手進行的企劃，想追求的不是什麼高遠目標，而是不會對日常生活造成衝擊的小小幸福。雖然一無所有，但仍想保有帥氣的我們，替這項企劃命名為「一公分跳水」。

起初我們以為，只要一整個月做自己喜歡的事就會有答案，但我們卻在第一天就卡關了。「我喜歡的是什麼……？」想藉由嘗試各種事物來尋找，手頭上又沒錢，我們別無他法，最後在咖啡廳問了彼此第一個問題——「有比智慧型手機更有趣的東西嗎？」

這本書不會出現實際跳水的內容，只會有為了尋找微不足道的幸福而落魄掙扎的字句。我們相信，這個過程對發現這本書的你來說也是必要的。最後，在開始之前，先附上一份指南。

1. 何謂一公分跳水？

不是實際跳水，而是一種比喻。換句話說，就是從現實中脫逃恰好一公分的小小幸福。

2. 準備物品

即便是一公分跳水，也需要事前準備。首先必須知道你是什麼樣的人，因為要做好玩的事情之前，得先知道自己覺得什麼時候好玩。

3. 預期效果

這項企劃大概不會讓你的人生澈底翻盤，因為起步太過微小寒酸。不過，假如連曾經認為「如今我的人生已經樂趣盡失」的我們都能改變，那你不也能做到嗎？

「三號的開始日誌」

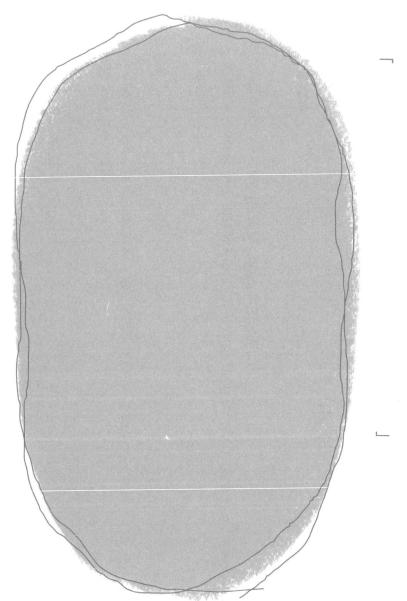

就算此刻的你無法寫滿開始日誌也沒關係，
只要記住，這本書是為你量身打造的。

第一章

在原地跳躍

——需要預熱

有比智慧型手機更有趣的東西嗎？

泰秀：文禎，我們先思考這個怎麼樣？

文禎：思考什麼？

泰秀：你覺得有比智慧型手機更有趣的東西嗎？

文禎：我一天滑八小時手機耶。

比智慧型手機更致命的東西

泰秀

這是一個智慧型手機無所不能的世界，可以看電視、聽音樂，還可以閱讀書籍，甚至還可以交到朋友。大概就是因為這樣，我們才會一天平均抓著這個塑膠四角形的東西超過兩小時不放。雖然知道它不好，卻無法否認有害身心的東西更好玩。智慧型手機是一種疾病，還是一種非常美味的疾病。

可是，不久前出現了比它更致命的傢伙，是約九千年前就凌駕於人類之上的生命體——貓咪。這傢伙從性格就很特別，要是叫牠過來，就死都不肯聽話，如果想要伸手撫摸，牠就會以柔軟的身段溜掉。相反地，如果我像顆沙發馬鈴薯般慵懶地看電視，牠就會在不知不覺中挨到我身旁打起呼嚕，感覺自己好像被耍得團團轉。這個生命體很危險的理由，只要說到這邊就夠了，但真正致命的理由卻另有其他。

我對貓咪過敏。準確地說，是對貓咪的唾液過敏。很慘，只要一小時，所有貓咪就可以讓我的眼睛腫得像顆爆米花。要召喚六歲時就離我而去的鼻涕蟲，並不是什麼太難的事。

第一次撫摸貓咪的那天，我全身上下腫了起來，差點被送去急診室，因此，智慧型手機這種玩意哪能相提並論？一分一秒都是黃金時刻，我必須在有限的時間內多摸摸貓咪，多拍拍牠的屁屁兩下，才沒有空浪費在智慧型手機這種玩意上頭呢。

智慧型手機內無奇不有，有書、有音樂，也有電影，幸好沒有貓咪。我很喜歡這個說出「幸好」的好笑情況，但並不是因為出現了比智慧型手機更致命的東西，只不過是非常討厭被問喜歡什麼的我，終於有了能解釋超過半小時的事情。有比智慧型手機更有趣的東西嗎？我明白沒有比這更困難的問題了，但我還是想回答，因為我希望自己能在實際生活中哈哈大笑，而不是老是在通訊軟體的訊息欄裡打「科科」。

最近，就算沒有智慧型手機，也有心底掛念的事了；遇見有隔閡的人時，也有了聊天的主題。擁有很微小卻很踏實的東西，這種感覺還不賴。

根本不可能會有那種東西嘛

#文禎

iPhone有一個「螢幕使用時間」功能，會顯示一天使用智慧型手機的時間有多長，記得曾在網路上看到一篇文章，有人說看到螢幕使用時間顯示四小時，覺得很有罪惡感。我看了一下自己的螢幕使用時間顯示的數字，六小時，而且還是在晚餐之前。很奇怪，我不由自主地露出了苦笑。

有時我一天使用手機八小時，有時甚至是十小時。可是聽到「貓咪」這兩個字，我依然不得不點頭同意。貓咪真的很可愛，如果某天碰到街貓，手機就會變成拍攝牠們可愛模樣的工具。可是……

「我沒有耶。」我可以感覺到眼前熱烈討論的人流露失望之情。雖然想說出「假如有那種東西，我還會一整天抓著手機不放嗎？」的心情是不變的，但也不能一開始就澆人家一桶冷水。首先，想要擺脫第一個難關，就必須先想出點什麼才行。這時，腦中出現了這個想法。

我會在什麼時候放下手機？

喝啤酒的時候，不對，這個有點弱，我可是一手喝啤酒，隨即又用另一隻手滑手機的成癮者。

那麼，邊喝啤酒邊看電影的時候？因為假如要我選擇兩樣喜愛的東西，我會選擇電影與啤酒。仔細想想，至少同時做這兩件事時，我不會看手機。在冰箱擺滿看電影要喝的啤酒時，內心真有說不出的踏實感。

比智慧型手機更有趣的東西。在祥和的平日下午，面對面坐在咖啡廳問彼此這種事似乎讓人有些不自在，但我仍決定這麼寫：

我想等一下回家開一罐啤酒，一邊看著還沒看的《料理鼠王》。

Q

你也有嗎？

有比智慧型手機更有趣的東西嗎？

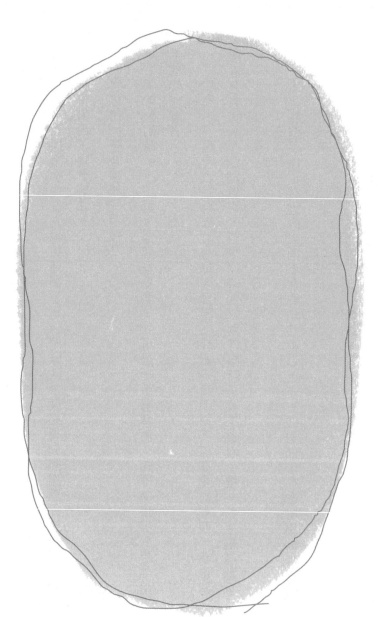

這是對你提出的第一道問題，不寫下來也無妨，
只要稍作思考，然後去嘗試也很好！

一號的補充答案：
籃球、漫畫、小說、電視劇《來自星星的你》、《未生》。

二號的補充答案：
狗狗、電玩、沖澡、天氣好時去漢江。

假如必須在三十秒內擁有好心情

泰秀：文禎，假如必須在三十秒內擁有好心情，你會做什麼？

文禎：三十秒會不會太短了呀？泰秀你會做什麼？

泰秀：我哦，要聽音樂。不是有那種只聽前奏，心情就會好起來的歌曲嗎？你也有這種歌單嗎？

文禎：嗯……我有〈祕密花園〉。

為患有憂鬱症的朋友所寫的歌曲

#文禎

那天我人在外頭，整個人被憂鬱的情緒包圍，真的沒有自信能好好地走回家，可是聽著隨機播放的歌曲〈祕密花園〉，內心默默跟著歌曲中穿插的拍手聲拍打，不知不覺就回到了家門前。在這之後，碰上心情不好的日子，我就經常聽這首歌。

原本心情不好時，我會聆聽更憂鬱的曲子，但到了今年我開始選擇播放氣氛比較輕快的〈祕密花園〉。聆聽〈祕密花園〉時，我偶爾會想，「這是為了替我加油所寫的曲子嗎？」

後來，聽說了〈祕密花園〉實際上是歌手李尚恩為「患有憂鬱症的朋友」所寫的歌曲，知道這件事之後，我忍不住更愛這首歌了。除了我之外，還有許多被這首歌療癒的人。或許，應該說這首歌能驅趕偶爾襲來的憂鬱與有氣無力？

我很喜歡這首歌的歌詞。雖然一首歌無法讓已經被搞砸的心情好轉，但只要聽到它的歌詞，原本蜷縮的肩膀就會稍微舒展開來，呼吸變得緩和，也會覺得情況沒那麼糟。

〈祕密花園〉李尚恩

忘掉昨日的事吧
任誰多少都會犯點錯
沒有人十全十美
看看老是犯錯
又孤單的我吧
每天每天
都會一點一滴好轉

因為有你看望
我得加把勁
變得幸福才行
恰如在後院綻放的花朵

喜歡老歌勝過近期流行歌的我，是不是個大叔？

#泰秀

我第一次見到防彈少年團（BTS）是在二〇一八年Mnet亞洲音樂大獎上。防彈少年團在演唱〈IDOL〉這首歌時，搭配了假面舞、小鑼、鑼和扇子舞等元素，看著看著，我忍不住產生這種想法：「這等於是在宣揚國威呢。」舞台表演片段傳送到世界各地，在國外也蔚為話題。二〇一九年，除了泡菜與朴智星（已退役韓國職業足球員、前韓國國家隊隊長），新的提問誕生了：

「Do you know BTS?」

但很可惜的是，最近擄獲我心的主角不是他們，而是一九九六年和一九九四年猶如彗星般登場的動感歌手UP和Two Two。二十五年前，這幾位歌手是屬於富家子弟派的偶像，如今我喜歡他們的理由很簡單——這些大哥們，懂得如何讓自己幸福。

這些大哥到了夏天就去海邊。遊艇或郵輪，這種玩意他們才不搭呢，他們只是去海邊游泳踢水、唱歌罷了。至於情歌呢？可以聽聽Marronnier的〈雞尾酒之愛〉，「我想在心情鬱悶的日子走在街上，為香氣濃郁的雞尾酒沉醉，去看有一首詩作的展覽，徹夜在思念中寫信。」既不帥氣，也沒有什麼特別的，就只是因為有了「我也曾經那樣呢……」的心情。

當然，這種喜好並非空穴來風。直到最近我還聽了SKY的〈永遠〉，也唱了Bank的〈無法擁有的你〉，但不知為何，我現在似乎無法回頭了。重新聽了Sharp〈話劇結束後〉的我，沒辦法再聽近期的流行偶像Twice、BLACKPINK，甚至是Red Velvet的歌曲了。

二〇一四年，許多人看著韓國綜藝節目《無限挑戰》的特別企劃〈星期六星期六是歌手〉而潸然落淚。大家聽著動感音樂哭泣……曾經看上去很怪異的光景，如今倒是能理解了。只要聽著當年流行的音樂，就會想到年輕的自己。雖然一點都不體面帥氣，手頭上也沒錢，卻會為了微不足道的小事開心。

Hans Band的〈電子遊樂場〉、UP的〈PpuyoPpuyo〉、Eco的〈幸福的我〉，如果告訴別人我在聽這些歌曲，不管到哪都會被說是大叔，就更別說要推薦歌曲給別人了。不過，現在我卻無法否認了。

碰到情緒低落的日子，我就會很自然地戴上耳機，默默地跟著旋律，用不會被別人聽見的音量高唱：

「現在我要綻放笑容Smile Again，這是幸福的一刻，是Happy Day。」

——嚴正化〈Festival〉

(1) 推薦樂團：動物園

推薦歌曲：〈惠化洞〉

喜歡的歌詞：搭乘一路顛簸的地鐵，前去尋訪的那條路，活著的我們，遺忘了多少事情。

(2)
推薦樂團：The Jadu
推薦歌曲：〈需要對話〉
喜歡的歌詞：需要對話，我們之間的對話不夠。雖然彼此相愛，卻因瑣碎的誤會說出無心的話，令彼此痛苦。

(3)
推薦樂團：Hans Band
推薦歌曲：〈電子遊樂場〉
喜歡的歌詞：考試搞砸了，哦，真不想回家。一氣之下走進了電子遊樂場，哎喲，這是誰呀？那個光頭叔叔，不正是我最親愛的爸爸。

Q

限制時間三十秒，你所選擇的歌曲是？

假如必須在三十秒內擁有好心情。

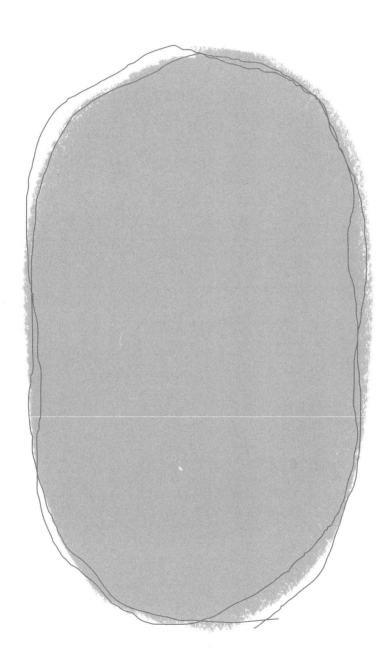

隨時都能做，
代表現在也可以做

文禎：泰秀，這次換我來提問。

泰秀：哦，什麼問題？

文禎：你有沒有老是說「下次再做」卻一再拖延的事情？因為很瑣碎，反而不會去做的事。

泰秀：嗯……是有幾件事啦，只要說一個就行了吧？

文禎：先說一個好了。

泰秀：那麼……

唯獨我沒有的一天

#泰秀

以前家附近有一家鄉土親子餐廳。從店名「雨過天晴時，如雲彩月光般」就充滿了五十歲大叔的氛圍。小時候每次經過那間店，我就會想：「以後如果賺了很多錢就要每天來光顧。」雖然價格和店名都不是走什麼古樸路線，但畢竟是用刀子切肉排，光是這點，對我來說就是另一個世界。

機會比想像中更快到來，而這全是托我們班班長的福。班長是個身上散發好聞的洗髮精香氣的孩子，她把寫著「要不要一起幫我慶祝生日？」的派對邀請函分給了我。一張、兩張，在逐漸變少的邀請函中，我搭上了末班車。

盤子中盛著充滿血水的肉排。雖然很擔心「吃了這個不會拉肚子嗎？」但遠處有個傢伙說：「喂，有很多血才好。」我將肉放在蒸熟的馬鈴薯上頭，趕緊吞了下去。當時也有叫做義大利麵的麵食料理，可能因為是外國進口的，吃起來確實很美味。原來生日派對就是這麼回事啊，夢想中的新世界，果然就和期待一樣美好。

那天之後，生日派對在我們班變成一種流行。基本上同學會邀請大家到家裡吃炸醬麵和糖醋肉，家境好一點的，就會出現披薩和炸雞。很可惜地，最後沒有輪到我，但並不是因為沒有錢。

單純只是因為我們家沒做過這種事。無論是七十歲的奶奶或十歲的我都沒慶祝過生日，更別說是舉辦生日派對了。我很害怕，就連炸雞都很少叫外送的我們會被朋友取笑是乞丐。

所以今天對我來說格外特別，因為我們家第一次舉辦了生日派對。慶祝的不是我的生日，而是姐夫率先提起之後，大家替姐姐舉辦的生日派對。雖然家人個個搖手說：「我們家不做這種事……」臉上卻難掩喜悅之情。

在家附近的麵包店買的蛋糕上插了數字「三二」的蠟燭。大家難為情地唱起生日快樂歌，吹熄了蠟燭，姐姐戴著生日帽的模樣被收藏在相機中。不單單只是第一次生日派對，而且還是第一張生日派對照！我竟然為了這等小事而感動不已，還真是沒有分寸啊。

從前，十歲的我，究竟是在害怕什麼、羞愧什麼呢？只要閉著眼睛老實說出來就好了啊……今年我也想辦一場生日派對。雖然第一次會很尷尬笨拙，但我想和家人們一起說：

「祝你生日快樂，祝你生日快樂。」♫

雖然想死，還是想成為 Brunch 作家

#文禎

為了維持身為「作家」的生計，偶爾我會接外包工作。工作時，每次聽到作家這個稱呼，內心就會格外鬱悶。有一天開會時，我實在按捺不住，就說：「我……我是行銷。」並不是因為我討厭作家這個稱呼，反倒應該說是自知有多少斤兩？

我認為作家不是能隨便冠上的稱呼，對我來說，作家是「寫自己文章」的人，但我連「我的文章」究竟長什麼樣子都不知道。替別人整理文字故事，宣傳別人的作品久了，認真說起來，那比較接近別人的文章，而不是我的文章。

過去，假如有人問我想做什麼，我通常不太會回答，但假如要我坦誠，確實是有件事想做。偶爾我會小心翼翼地回答：「Kakao 公司底下有經營一個叫做 Brunch 的創作網站，我想把文章放到那上頭。」

有人說，「雖然想死，還是想吃辣炒年糕」。對我來說，比起吃辣炒年糕，我比較想成為 Brunch 作家。無論從事何種職業，都能在那裡自由自在地當起作家，這點很令我傾心。儘管如此，我沒辦法輕易採取行動的原因，就在於如果想成為 Brunch 作家，就必須通過作家審核。

直到今天早上，我終於按下了作家申請按鈕。說實在地，只要寫上自己想成為 Brunch 作家就行了，但我老是以忙碌為藉口而一再拖延，所以趁現在想到就隨手點進 Brunch，完成了作家申請。

申請花了三十分鐘左右。難道過去我是因為連三十分鐘的時間都沒有，才遲遲沒有行動嗎？我不禁感到虛脫。實際申請後發現，哦，也沒什麼嘛。早知道這麼簡單，即便會落選，我也會早點按下那個按鈕。身邊的人們都說我看起來心情很好，倒也沒那麼誇張，只是會不斷查看電子信箱罷了……真希望能趕快收到 Brunch 的審核完成郵件。

Q 你有沒有老是說「下次再做」卻一再拖延的事情？

隨時都能做，就代表現在也可以做！

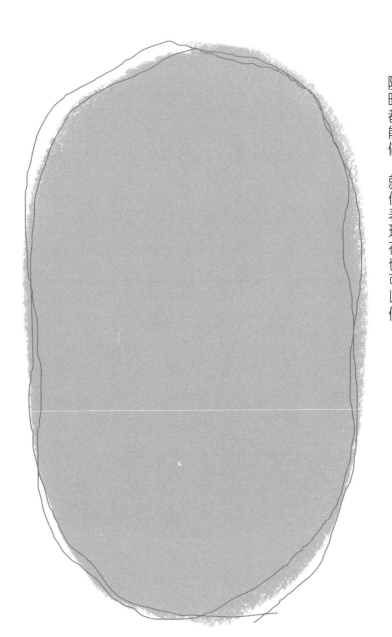

這個，
你應該沒做過哦

文禎：哦，泰秀你可能真的沒做過這個哦。

泰秀：做什麼？

文禎：送禮物給自己。我很喜歡送禮物給好友們，卻不曾送過自己什麼，只會視情況買需要的物品。可是，最近試了一次，發現感覺還不賴耶。這一次，就來計畫要送自己什麼禮物怎麼樣？

其實我也想炫一下

#文禎

有一次去弘大玩的時候，發現了很喜歡的眼鏡框。那個眼鏡框非常時尚，不僅輕盈，也是我平時就很想嘗試的造型。我像是要立刻掏錢買下般在鏡子前戴了好幾次，但最後沒有買那個眼鏡框的原因有二。

第一，它要十五萬元（台幣約四千元）；第二，這個原因更重要，就在於我做了雷射手術。我都已經動了手術來提升視力，實在沒辦法花十五萬元在沒有度數的眼鏡上頭。我決定把它忘了。

今年對我來說最悲傷的消息，莫過於視力變得很糟。我很晚才到眼科報到，並在醫生的診斷下，確認視力確實衰退了。醫生說是視力退化，是進行雷射手術的人經常會發生的副作用。雷射手術做了五年，深深體會到沒有眼鏡和鏡片的生活有多幸福的我，這個消息無疑是晴天霹靂。回家之後，因為太過傷心，實在沒辦法不落淚。我先嚎啕大哭了一會，接著雖然自己都覺得傻眼，但腦中突然閃過這種想法：

等等，那……我可以買那個眼鏡框了嗎？

假如今年最悲傷的消息是視力惡化，那麼今年最令我開心的消費，可以說就是購買那個眼鏡框。雖然對視力惡化感到氣憤，但我抱持著就算是眼鏡也要戴著自己喜歡的款式的心情，硬是花了這筆消費，而它帶來了比想像中更高的滿足感。

……戴著眼鏡工作，感覺自己好像搖身變成了作家。

戴著那副眼鏡照鏡子時，因雷射手術而湧上的怒氣沉澱下來了。就這層意義來看，我還有幾項想送給自己的禮物。

1.《未來的青春筆記》網路漫畫單行本

這是我超級、超級喜歡的網路漫畫。世界上有許多有趣的網漫，《未來的青春筆記》並不有趣，但只要看了這部網漫，就會有種童年得到撫慰的心情。這對我來說是非常有收藏價值的網漫，所以之前就想，如果手上有閒錢，一定要入手收藏。

如果能買一整套陳列在書櫃，光是欣賞它們，肚子應該都會很有飽足感。

2. 柔軟舒適的寢具組

曾經看到廣告文案寫「請別節省花在棉被上的錢」。換作是過去的我，八成會想「花錢的地方多得很，何必花在棉被上頭？」但現在想法有些改變了，因為去年我試著換掉了真的用了很久的棉被。更換棉被，我本以為沒什麼大不了的，但有一段時間心情卻很好，只是問題在於我換成便宜貨，所以很快就起毛球了。下次我想換更柔軟舒適、品質好一點的寢具組。

3. 報名游泳課

我想漂在水面上，什麼都不想，那麼我就必須先學會游泳。

把家事做得有趣的方法

#泰秀

一個月前，妻子說買了書桌，要用來展示姜丹尼爾的專輯。當時我對她說：「那我也要買黑膠唱片機……」

「不行。」我話都還沒說完，妻子就先發制人。理由很單純，「買了那個，不就連黑膠唱片都要買了嗎？」沒錯，無論是展示姜丹尼爾專輯的書桌或黑膠唱片機都是奢侈品，但兩者之間有個關鍵性的差異——買了書桌之後，奢侈就結束了，但買了黑膠唱片機之後，真正的奢侈才要開始。我無法反駁這個完美的論點。

我垂頭喪氣地邊洗碗邊想：「是啊……就連買米的錢都捨不得花，總是挑最便宜的買，像我這種人還買什麼黑膠啊？別做夢了。」

可是……假如只是想想而已呢？哎呀，我的意思不是說真的要買，我也沒那種閒錢，真的就像我說的，只是憑空想像一下而已。假如床邊的置物架上頭有木製的黑膠唱片機呢？那麼我會在那上面放李文世發行的第三張專輯。聽完〈我至今仍不知道〉之後，接著〈少女〉登場，而我會一邊聆聽音樂，一邊悠閒地享用紅茶。

「我已經說不行了！」可能是感受到某種氛圍，妻子在客廳大喊，而我也是在那時看到了客廳旁書桌上的存錢筒。

龍貓的存錢筒，是二十五歲時妻子送給我，我也很中意的物品。原本我一直抱持著臨死前要傳給子女的想法，非常寶貝它，但離別本來就是突如其來的，這樣也算是畫下完美句點了。已經過了五年，想必也該存了十萬韓元，搞不好有十五萬韓元呢。這樣就夠了，雖然很惋惜，但制定新計畫的時候到了。

大眾款的黑膠唱片機、李文世的第三張專輯……可以的話，再加上樂團「野菊花」的第一張專輯……

想到這裡時，碗盤已經洗好了，家事……做起來還挺有趣的。我將橡膠手套披在流理台上，拿起了沙發旁的吸塵器。「你是吃錯什麼藥了嗎？」妻子狐疑地問。而我的回答就更可疑了：「沒有啦～哎喲，真的沒有啦。」

Q 我想送給自己的禮物清單。

請別寫太昂貴的東西，因為買不起。

只有我知道的風景

泰秀：文禎，你回家時是搭幾號線的地鐵？

文禎：我會搭一號線，或搭五號線，再不然就六號線？

泰秀：不搭二號線嗎？

文禎：對啊，怎麼了？

泰秀：以後搭的時候，記得看看這裡。

就連首爾人也不知道的景點

#泰秀

從新道林站轉乘到弘大站的路上，即便是嚴冬也會散發汗臭味。一號線和二號線，這兩個地鐵站，以擁擠程度來排名可說是首屈一指，一天平均的乘客數是三百五十萬名。在那個地方，每天都會發生各種神祕事件。

上下班的路上，碰到專業登山客是常有的事。擱放在地上的包袱中主要裝了泡菜，但我卻無法鼓起勇氣詢問：「為什麼登山需要泡菜？」我對每天早上路邊的傳教大叔替人激烈祈禱的情景已經司空見慣，看到只要不用擴音通話就會心頭難耐的阿姨們，也已經習以為常，但是碰到按下緊急開關就跑掉的年輕人時，我還是忍不住會經常脫口說出：「韓國竟然還有這種人？」

這就是大韓民國的上班族平時看到的光景。應該稱呼它為靜謐的戰場嗎？明明沒人在吵鬧，卻無法維持神智清醒，而且多半在上班之前就已經筋疲力盡。當然，管你怎麼樣，地鐵依然走它的路。

接著，通過最大的關口「新道林」，行經「文來」、「永登浦區廳」、「堂山」後，無論是地鐵或是我都有了一點從容。我很喜歡這段時光，但不僅是因為能稍稍喘息的緣故。

地鐵經過堂山，往合井前進時，遮蔽視野的灰色建築物瞬間消失得無影無蹤。窗外能看見奧林匹克大道，緊接著出現了強烈的光束——是漢江水波所反射的陽光。

列車彷彿駛進了魔法洞窟般變得靜謐，仙遊島懸掛在宛如樂譜般的電線上方，接著蠶頭峰碼頭登上了線譜，偶有不知名的鳥兒棲坐河面獵捕魚兒，這也成了值得觀賞的景觀。這短暫的時間不到五分鐘，卻比任何從容時光都要令我自在。

通勤路程加起來就要兩小時四十分鐘，很容易會對這段路程感到煩躁，再加上周圍景觀不作美，痛苦往往因此加倍。「大家都是這麼生活的。」即便想用這句話來一筆勾消，依然感到很不是滋味，所以通勤途中偶爾發現的從容時光，就比想像中更能帶來慰藉。

也許正因如此，蒐集這種風景成了我的嗜好。儘管無法單靠景致一舉掃除所有煩躁，但也沒有理由推辭。

烏耳島咖啡廳前方的近海、萬壽洞三環大樓旁的林蔭路、仁川市廳後方的Abbey Road咖啡廳，我期待著始終令人欣喜的通勤風景，今天依舊蒐集著風景。

你知道弓箭手村嗎？

#文禎

我毫不猶豫地說出弓箭手村（Henesys）時，泰秀說：「那是什麼？」雖然瞬間心想「糟了」，但也不能含糊其辭，所以我就回答了。弓箭手村是電玩《楓之谷》的村莊名稱……

三年前，我們公司搬到了當時炙手可熱的延南洞，我很自然地知道了幾間延南洞的美食餐廳，不僅食物美味，氣氛也很棒，所以我很喜歡。但離職之後，我擔心會在餐廳遇見公司的人而不再上門光顧，內心著實難過了一陣。

過了一段時間，聽到公司遷至其他區域的消息後，我才敢和朋友約在延南洞，但問題是我曾經喜愛的餐廳都不知道跑哪去了。那些都是充滿回憶的地方，我忍不住想，大概是因為延南洞惡名昭彰的房租，這些店面才沒辦法長久撐下去吧。

所以，寫到那些讓人擁有好心情的地方時，我自然而然地態度慎重起來，因為即便是此時此刻，它們也可能正在消失。有沒有經過時間的洗禮，仍會繼續守在原地的那種地方呢？

這時，我腦中浮現的場所就是「弓箭手村」。《楓之谷》是為我的童年帶來許多快樂回憶的電玩，而弓箭手村，是只要玩過這個遊戲的人，就一定曾經造訪的古老村莊。

離職之後，當白天家人都出去上班時，我無事可做，也沒錢出去玩，當時想到的就是《楓之谷》。雖然聽到目前這遊戲還在運作的消息時很吃驚，但進入遊戲一看，發現過去的樣貌幾乎原封不動地保留時，就更加意外了。過了十三年，我都已經變成了大人，與我的小咖角色共度童年時光的村莊依然還在，實在很不可思議。

提到讓人擁有好心情的地方，竟然寫了這種地方，也許看起來有點奇怪，但我也沒辦法，因為這段時間我都躲在家裡的被窩，對最近熱門的景點一無所知。最近要是心情低落時，我就會打開筆電登入《楓之谷》。這樣看起來可能很幼稚，但能在五分鐘就抵達令人擁有好心情的地方，要比你所想的更酷。

Q

有沒有讓你擁有好心情的地方呢？

人在哪裡都沒關係，請介紹一下吧！

我們只是沒錢，不是沒有回憶

泰秀：文禎，我想來想去啊，還是覺得聊往事最有趣。

文禎：是哦？

泰秀：對啊，光是回想都覺得心情變好了。既然說到這，我們就來回想以前的事怎麼樣？假如人生是一捲卡帶，有沒有你持續想倒轉回去的瞬間呢？

二十歲男學生的告白法

#泰秀

時間剛過晚上七點，她和我朝著仁川市廳旁的公車站走去。假如沒有避開下班時間，市廳的公務人員大概都能聽見我的心跳聲。沒錯，今天是我告白的日子。「衝啊！」心臟從半小時前就開始說這句話，而我無法違逆它的意思。

「要不要在這坐一下？」我指著行道樹旁的大理石長椅說。

經過短暫的靜寂。

「好啊。」她回答。

當時我的體內猶如混亂的戰場，心臟彷彿衝刺百米般狂跳不已，我感到口乾舌燥，就連呼吸都有困難。腦中持續有不明的聲音響起。「現在！就是現在！」我冷汗直流，眼前面臨大學生涯最重大的決定，若想要什麼嘴皮子，我還是太過青澀了。那她在做什麼呢？

她在打瞌睡……這是什麼情形？面對這個彷彿玩笑開得有點過火的狀況，我一時呆住了。只要稍微等一下她就會醒來了吧？但她比想像中更沉浸在睡眠的世界裡。天色已經慢慢黑了，我叫醒她，再次走向公車站，什麼話都沒說。

「那個……」直到公車站就在眼前，我才再次開口。入伍在即、沒交過女友的恐懼要比想像中沉重。

「問你哦……如果在一起的時候覺得很開心，想繼續跟對方在一起，是不是就表示喜歡那個人？」台詞真是爛透了。

「嗯……應該是吧？」

「可是……也可能不是啊，搞不好是把對方當成很好的朋友啊。」我也搞不懂自己了。

「不對，照這樣看來是喜歡沒錯。怎麼？你有喜歡的人哦？」一陣靜寂流過。

「……是你。」

心臟再次瘋狂跳動，腦中有不知名的男人跳出來大吼：「別愣著什麼都不做！要連續出擊啊！不要讓對方有清醒的機會！」於是我慌慌張張地出下一招。

「你呢？你沒有嗎？」時間彷彿在捉弄我似地緩慢流動著。世界上的所有人都像在盯著我們，街上的車輛也似乎屏住了呼吸。她的嘴唇移動得極為緩慢。我小心翼翼地解讀她的嘴型。

「……我也是你。」

大學萬歲，小腿彷彿失去了靈魂般搖搖晃晃，臉上的笑意卻怎樣都憋不住。回家的公車上，我什麼話都沒說，不對，也許是什麼都想不起來了。能夠想起的，就是送她去搭車後，傳了一封訊息給她。

「路上小心，我的女朋友。」

從那天之後過了十年，本來很窩囊的菜鳥新生，不知不覺中邁入了三十歲，當時的她如今成了我的新娘。那一天真的好微妙。就算有酒精壯膽，說出來也很難為情，卻朦朧得讓人想隨時回味。年輕時的回憶，大概就是這麼回事吧。

電影《星際效應》的主角庫珀在黑洞中朝著過去的自己大喊：「Stay！」

假如我也能像庫珀一樣回到過去，我倒是想帶著略有不同的涵義朝當時的自己大喊：「Stay！」

文禎：泰秀。
泰秀：怎麼了？
文禎：我，好像沒辦法回答這題。
泰秀：哦……為什麼？
文禎：我好像沒有那種瞬間。
泰秀：怎麼會呢？仔細想想，不是都會有嗎？
文禎：真的很抱歉，泰秀。但我越是思考，就越覺得自己不幸。
泰秀：那麼……你想到的是什麼？
文禎：我會先想起憂鬱的瞬間，而不是快樂的瞬間。

泰秀：那就說說那些事吧。

文禎：那些故事不符合這個企劃的路線吧？

泰秀：是有可能不符合……但現在不說，你以後就真的說不出來了吧？

害怕變得更不幸，而不敢說出口的事

文禎：我真的是這輩子第一次説這些……

泰秀：嗯……

文禎：我真的可以説這些吧？

泰秀：可以！

有用的孩子

#文禎

爸爸總試圖拋棄沒用的東西；而我，是個從小就體會到，爸爸能拋棄的清單中也包含了家人的早熟孩子。看著爸爸像在退貨般，把媽媽退還給娘家，相較於擔憂媽媽，我更擔憂自己。我連能回去的地方都沒有，所以總一心想成為有用的孩子。

我表現出勤學的樣子，不會沒事亂鬧脾氣。看著朋友們毫無顧忌地將內心話告訴家人，我也想過要不要開口說說看，但聽到爸爸說，就是因為日子太快活才會有青春期，我忍不住心想，幸好我沒這麼做。雖然賀爾蒙的變化帶來了青春痘，但如果將青春期比喻為一生中出去闖蕩的時機，那麼我根本就沒經歷過青春期。

假如要我選出人生中最冤枉的一件事，那就是二十三歲時沒人事先告訴我可以不用再和爸爸住。待在爸爸再也不會回來的家中，有好一段時間我感到很困惑，不知道自己應該採取什麼姿態。雖然還不到晚上，但就算我躺在床上，也什麼事都沒發生。

之後還發生了許多事，但我最想說的，是自己並沒有度過什麼美好的日子，還經歷了也許比先前更悲慘、更委屈的日子，就這麼來到了二十六歲。

我開心地回想剛才傾吐的那些時光，想起了爸爸的臉孔，也因此想起了不願回想起的兒時模樣。我總是畏畏縮縮，顧忌他人眼色，時時刻刻感到不安。即便爸爸人間蒸發了，那個樣貌依然留存在我體內。在外面時，我很努力避免露出馬腳，如今卻好像因為一個問題而露餡了，這讓我莫名羞愧。

我是為了尋找一個幸福記憶，而必須先回顧十個不幸記憶的人。因此，當有人問起我幸福的瞬間是什麼時候，能想起的就只有這些。我到現在還擔心著，參與這個企劃的讀者，會不會因為我的故事而變得憂鬱。

不過至少對我來說，卻有種莫名舒暢的感覺。

泰秀：文禎，說出來之後覺得怎麼樣？
文禎：嗯……好像滿舒暢的。
泰秀：那就好，聽著你的故事，我想起了一些事情。也許不幸的記憶本來就比幸福的記憶多，我也是這樣。
文禎：你也是嗎？
泰秀：是啊，所以往後就多分享這種故事吧。
文禎：但這不是尋找幸福的企劃嗎？
泰秀：話雖如此，但總有一些必須先吐露不幸才會快樂的人，不是嗎？

Q

此刻的我們領悟到，若想要變得幸福，就必須：

1. 回憶快樂的過往。
2. 試著吐露不幸的過往。

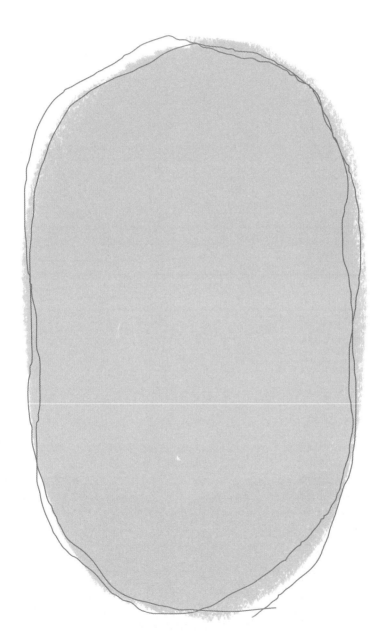

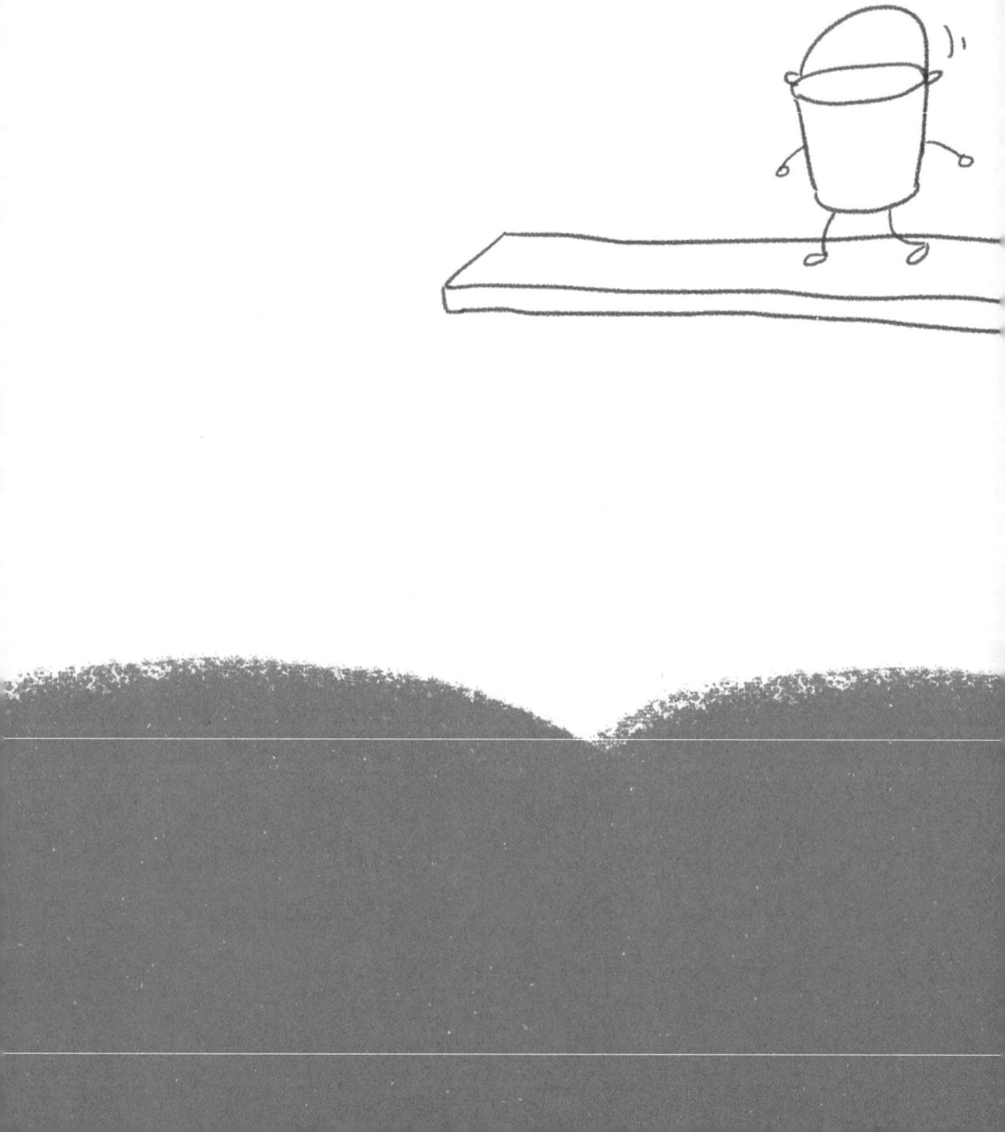

第二章

抖抖手

——練習輕盈

把剪刀、石頭、布去掉一個

泰秀：我仔細想想，好像有件事必須先做。

文禎：什麼事？

泰秀：就是「丟棄」。什麼都想好了，生活卻照舊，不等於白忙一場嗎？文禎，你有想丟棄的東西嗎？話都說到這了，就先去掉一個吧。

用力放鬆後所寫的文章

#文禎

二十三歲，休學後當起實習生滿一個月時，我在下班的地鐵中想著，我必須立刻下車，原因在於耳朵突然間嗡嗡作響，聽不見周圍的聲音。在我猶豫之際，視野模糊起來，接著眼前一片漆黑。就在我想著「哦……這樣不行」的同時，身體倒了下來。

當時有位阿姨抓住我大喊：「誰讓一下座位給這位小姐！」我在某人讓出的座位上坐了下來，冷汗不受控地流個不停。雖然不知道他們長什麼樣子，也看不見他們，但我朝著幫助我的阿姨，以及讓位給我的人連連點頭道謝。

工作滿一個月的那天開始，身體向我發送了異常訊號，但我將它視為正向的訊號。「哇，我工作到差點在地鐵上暈倒嗎？」雖然不曾讀書讀到流鼻血，至少嘗過了工作到差點暈倒的滋味。我產生了莫名的成就感。

我想把工作做好，這句話裡頭藏了這種想法——「好歹工作上要表現出色吧？」二十三歲，我還在怪罪家人；電視上和我同齡的藝人們，卻都送了房子給父母。我沒什麼拿手的，剩下的希望就只有把工作做好而已。

雖然薪水很低，工作量卻多到爆表，但無所謂，因為這表示有很多可以學習的東西。老闆是個會說很多難聽話來鞭策員工的人。在當時，我也覺得無所謂，甚至變本加厲地在體內創造一個更惡劣的老闆，把那個人會說的話先對自己說。

「你現在交的是什麼垃圾？」「你覺得這裡面有哪個部分好？」「不覺得丟臉嗎？」等我回過神才發現，認真工作這件事，已經從投入時間和努力，變質為認真貶低自己。這是我至今仍無法改掉，卻非常渴望能拋棄的習慣。

習慣一旦生了根就不容易改掉。就算辭掉工作，這個壞習慣依然留存在我體內。結果，就連自己都不敢看到成果，導致工作的時間一再往後延。有天，我因為沒能準時交稿而感到痛苦，這時朋友對我說：「看來不能叫你加油，反而應該叫你減油，你好像就是太用力了，所以才沒辦法工作。」

聽到這番話後，我在開始工作之前，就會先做一次深呼吸，告訴自己：「放掉力氣。」這並不是要自己敷衍了事，因為我依然想把工作做好，往後也有很長的路要走，只是想避免耗費不必要的力量罷了。

當然啦，就算對自己說了那句話，畢竟我還是個不成熟的大人，所以在我不注意的時候，偶爾還是會出口成「髒」。

這時我會告訴自己：「你又用太多力氣了，重新放掉力氣吧。」接著繼續工作。

弓裔為什麼會死？

#泰秀

西元九〇一年，一名英雄推翻了有一千年歷史的新羅王朝，建立了後高句麗國，他是個戴著黃金眼罩卻能洞悉人心的奇人，名叫弓裔。他以觀心法這項能力統治整個國家，若用現代的說法來形容他，就是「成天嚷嚷著造反的鸚鵡」。

「你反對我說的話？你這是在造反。」「我正在說話，你竟然咳嗽？你也在造反。」「你問理由？嗯，是觀心法。」弓裔將應該用在洞悉民心的觀心法完全用在暴政上頭，足足過了十八年。最後，當他以姦淫的罪名，將提出忠言的妻子處以死刑時，人民開始企盼有新的英雄登場。西元九一八年，觀心法這個充滿弓裔精神的漫天大謊，最終因忠臣王建的推翻而畫上了句點。

過了一千多年後，有個與弓裔的際遇相似的孩子誕生了。那就是我。我從小就會觀察別人的表情、語氣和行動來預測對方的心思。沒錯，這就是觀心法。當奶奶說：「奶奶做的泡菜不好吃吧？」我會回說很好吃。聽到老師說「哦，這個很好笑哦！」的開場白，我就會先做好要哈哈大笑的準備。最後，當前輩說出很荒謬的忠告，我卻讚嘆他很帥氣的時候，我便走上了弓裔之路。

身邊的朋友數量比雙手合抱還要多，雖然偶爾會想這樣好嗎？但每一次大家都會說：「你怎麼比我更了解我在想什麼？你根本就會通靈嘛。」我就像是坐在黃金地毯上的弓裔般被大家捧在空中，接著問題來了——

「是誰在咳嗽？」

晚年的弓裔是個極度敏感的大魔王，他是個內心脆弱的人，面對事情也會不高興，加上完全不聽別人說什麼，所以別人也無法靠近他。我也是如此，看到朋友一臉嚴肅，就覺得是我造成的，感到患得患失；看到別人只簡短回答「嗯」的時候，就會整天惦記著我傳的訊息是不是說錯話。就算對方表示自己沒有那個意思，我也不肯相信，畢竟我是觀心法的繼承人。

最後，直到我開始懷疑路人的眼神時，我才承認了一件事。

是病，這是一種病。

大家都說，治療的開始，在於領悟到自己生病了，但這種病就算發現了也不容易醫治。因此，弓裔的晚年一定很憂鬱吧？往後，我大概也會繼續看他人的眼色。

但要說有什麼不同，就是至少這一次，我也會觀察自己的眼色。有時我會看自己的眼色，有時則對自己使眼色，這是身為三十年「眼色病」患者的我做出的最佳結論。

西元九一八年，迎接人生終點的弓裔對自己的部屬說：「梂鉠將軍，你在做什麼？現在不是該出發了嗎？」在那之後過了一千年，如今我也該送走體內的弓裔了。

Q

你想丟掉自己的哪一種面貌？

要不要先丟掉一個？不然兩個？

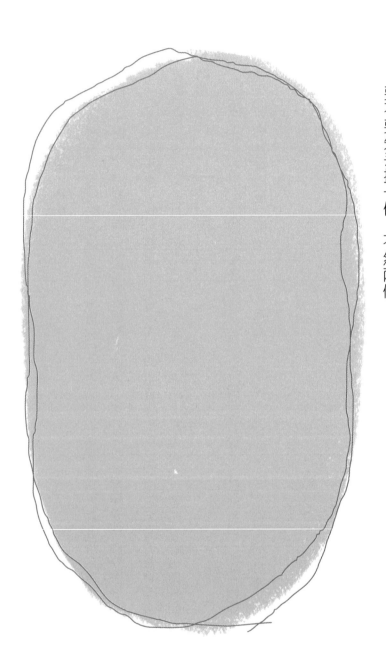

【無聊時讀一下跳水小訣竅】

跳水是從高處往下跳入水中，以此進行對決的比賽。
克服人類的恐懼，往下跳的瞬間，
以迴旋之美一較高下，減少接觸水面的身體面積為佳。
這是一種必須在跳躍後入水的剎那盡情展現技術的運動，
因此也可稱為「三秒的藝術」。
當然，因為我們只是跳一公分高的水，所以這跟我們沒有太大關係。

大家都不知道，屬於你的隨心所欲

文禎：泰秀，其他人知道我們在看他們眼色嗎？

泰秀：應該不知道吧。

文禎：那麼，即便是很小的事情，不也能按照我的想法去做做看嗎？

泰秀：我也想啊，但又會在意其他人怎麼看我。

文禎：其他人哦，大概不會在意的，因為我就是這樣。

受傷街貓的故事

#文禎

我說要帶受傷的街貓去醫院時，哥哥說：「這不是無謂的希望嗎？那接下來呢？牠在外頭流浪，就會一再受傷。如果牠又受傷，你每次都要帶牠去醫院嗎？」

我回答：「我也知道，但我們每次花兩、三萬元點外送時，都不會思考這些，可是假如我不帶貓咪去醫院，牠卻有個三長兩短，以後我點外送時都會想到牠。」

去年秋天，我們一家人去超市回來的路上，有隻貓咪跟著我們回家，擅自在玄關門前住了下來。原本以為貓咪很快就會去別的地方，但牠隔天，還有再隔天，每天晚上都在我們家前面逗留。常駐在家門口又愛撒嬌的小貓，不費吹灰之力就融化了人心。

假如心也有門這種東西，我就是不太敞開心門的類型，但這件事在牠面前好像就變得不管用了。等到我回過神來，牠已經走進了我的心底。究竟是我蹲下來想看看貓咪的樣子，牠卻攀著我的膝蓋爬上來的瞬間，又或者是初次遇見牠的那一刻，我已經想不起來了。

當時的我因為患了憂鬱症，所以儘量不出門，但在這之後，只要到了晚上，我就會到家外頭和貓咪一起度過時光。我期待著夜晚的到來，貓咪也成了我的慰藉，因此我並不想細說，看到那隻貓咪在外頭受傷回來時，我的心有多痛。我不敢仔細看貓咪的傷勢有多重，就這麼轉身逃回家了。

為了回答「是否曾經隨心所欲地過活」這個問題，我回想起人生經歷的諸多重大選擇。大部分的選擇，都是優先考慮現實狀況，而非我個人的意見。在重大的決定面前，要做出只考慮自己的選擇並不容易，所以我又試著回想比較一般的情況。我想起了那隻遇見好主人之後遷徙他處的貓咪。明明說自己不會對牠產生感情，所以連名字都沒有取，但其實真的很喜愛那隻貓咪。

雖然笨拙如我，只能把想帶貓咪去醫院這件事拿來與叫外送作比較，但至少那時的我一意孤行，完全不顧家人說了什麼。

直到現在，只要想起那天，內心還是會暖烘烘的。往後人生還會持續碰到選擇的瞬間，而我也知道做出重大決定時依然必須顧及他人，但我相信，其中必然會有雖然微不足道，卻能隨心所欲的時候。至少面對那些微小的瞬間時，我想全然用自己的選擇來填滿。

這不是漫畫，而是真實故事

#泰秀

一九九九年，當世界滅亡的說法傳得沸沸揚揚之際，我開始打起籃球。在大家爭先恐後地買泡麵與鮪魚罐頭儲備時，我走進文具店買了一顆籃球。

「就算明日地球會滅亡，今日我也要多種一棵蘋果樹。」這是一句名言，但實際上真的是如此嗎？我，就真的這麼做了。在滅亡論席捲全世界之際，我跑到外頭去投籃球。奶奶說：「你長大後究竟想做什麼啊？」我則是一言不發地給奶奶看了籃球。

當時我很認真地想成為籃球選手。聽到健康博士說，要攝取鯷魚和牛奶，個子才會長高，於是我吃了鯷魚炒飯和牛奶，聽到醫學博士說，晚上十點到兩點之間是就寢的關鍵期，所以我早早就上床睡覺。過了一段時間，當滅亡論約莫已成為回憶之際，我成了一名籃球打得還不錯的國中生。也就是在那時候，我迎來了隨心所欲的瞬間。

「這次運動會也會加入籃球項目。」老師的一句話，瞬間讓平時很安靜的男生內心澎湃不已。獲勝？問題不在這。我是十五歲的張泰秀，希望能獲得女生們的加油。我希望能有那麼一次，能把唯有運動選手才能擁有的那種水汪汪的眼神和歡呼納為囊中物。為了達成這個目標，當然就需要專屬的武器。

就在此時，我家前面的路燈亮了。瞬間，腦中靈光乍現。「籃球空拳」，真不曉得我為什麼會想到這種訓練法。在路燈的照射之下，我將自己的影子當成鏡子，瘋狂地練習運球。我把影子當成對方眼中的我，更快速、更猛烈地讓籃球彈跳，直到最後連我自己都被矇騙過去。

運動會當天，練習非常充分，我也早就做好了要為三十分鐘的比賽奉獻人生的覺悟。嗶！伴隨著尖銳的哨子聲，比賽開始了。賽況非常激烈，雙方展開了很難說只是國中生比賽的心理戰，也因此比賽三不五時就中斷。直到比賽結束的哨子聲響起，雙方的謾罵聲也才跟著停止。

背後傳來了掌聲，雖然不知道是不是我的錯覺，但我好像聽見了有人說「張泰秀好帥」。勝敗已不再重要，這是運動競賽。我以歡呼的觀眾為背景，高高地舉起一根食指，「一」，是我那天投進的球數。

這已經是十五年前的事了，這段時間，若以四捨五入來算，我長到了一百七十三公分，在不知不覺中成了即將跨入不惑之年的大人。十五歲的國中生，當時的熱情如今已不復見。現在難得有朋友邀我去打籃球時，我也仍只為了明日做準備。儘管如此，只要想到當時，心中就會悸動不已。雖然這些時光最終成了一部沒沒無聞的窩囊漫畫，但在二〇〇四年，我是自己人生的主角。

Q

你是什麼樣的主角？

哪怕只是小事，你曾有過隨心所欲的時候嗎？

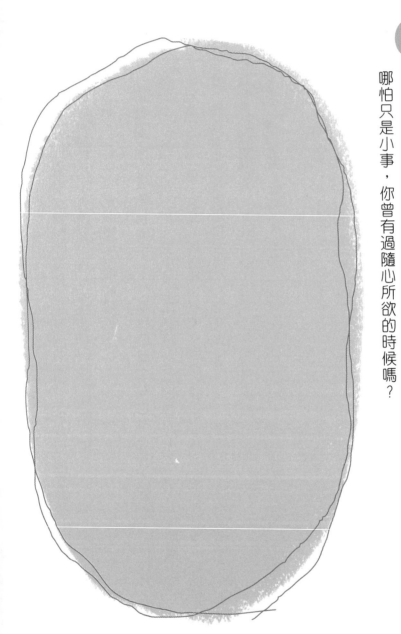

假如沒有，要不要試著耍一下任性？
接著再把這件事寫下來。

我可以
推薦一部電影嗎？

文禎：我們已經問了好多問題，先稍作休息吧。

泰秀：哦，那我可以推薦電影嗎？

文禎：大部分的電影我都看過哦！

泰秀：那你看過《崩壞人生》嗎？

文禎：第一次聽說這部電影耶。^^;

你有看過這部電影嗎？

#泰秀

「發生了一場車禍，老婆過世了，我卻一點都不悲傷。」

說話的男人叫做戴維斯，是位投資分析師。老婆死亡的那天，戴維斯很沉著冷靜，能像平時一樣工作，數字也計算得準確無誤。要說有什麼不同之處，就是記憶猶如一位不速之客找上門來。

聽到老婆死亡的消息，戴維斯感到飢腸轆轆，雖然很想去吃點東西，但看到身旁的岳父便打消了念頭。他別無辦法，決定先吃根巧克力棒。戴維斯將錢投入附近的販賣機，按下按鈕，機器卻吃掉了他的錢。醫院的助理護理師聳了聳肩，表示這不是自己的職責所在。

雖然心中很納悶，但他老是想起這件事。別無他法，他將前來慰問的弔客拋在腦後，決定著手寫一封信。

致親愛的冠軍販賣機公司，

這封信是關於聖安地列斯醫院故障的七一四號販賣機的問題。我將五枚二十五分的硬幣投入貴公司的販賣機，按下了M&M花生巧克力的按鈕，商品卻沒有掉下來。因為我當時肚子很餓，所以有點煩躁，而且十分鐘前老婆才剛過世。話說到這，我就再說仔細一點。

老婆曾說我很性感，岳父則是很討厭我，大概是認為我搶走了他女兒吧。我老婆只要看到鐵塔倒下的畫面就會哭，還有……嗯……除此之外我就不太清楚了。我本來不是想說這些的，只是覺得把來龍去脈說清楚比較好。

——戴維斯

他沒有收到回覆，但無所謂。他又寫了一封信，寫了老婆要他幫忙修理冰箱，但他卻不當一回事，以及搭地鐵時遇見一位失業者的故事。就在他不自覺地寄了四封信的時候，冠軍販賣機公司打電話來了，當時是凌晨兩點。

「這裡是冠軍販賣機公司的客服中心，我是凱倫．莫里諾。我們收到了您表達不滿的信件，因此與您聯繫。您寫了四封信呢，看完信之後，我忍不住落淚了，想請問您……有沒有傾訴的對象呢？」

後續的劇情，就請直接觀賞電影吧。

「情緒是一種習慣。」看完這部電影之後，我想起這句話。在逐漸成為大人的過程中，我們不再露出笑容，因為覺得這樣很幼稚，嘴上也說沒什麼而不再哭泣。但實際上，我們會不會是遺忘了哭與笑的方法呢？也許我們就是因為只對該生氣的事情生氣、只對該笑的事情笑、只對該哭的事情哭，於是慢慢地失去了表情。

電影剛開始，岳父對戴維斯說：「想要修補什麼，就必須將之全部分解，了解哪個環節重要。」這部電影描述的，正是戴維斯將故障的自己加以分解的過程。碰到只有自己沒有露出笑容、想哭卻哭不出來的時候，推薦你看這部電影──《崩壞人生》。

Q

一起休息片刻吧?介紹一部影響你人生的電影。

試著推薦一下，我們尊重每個人的喜好。

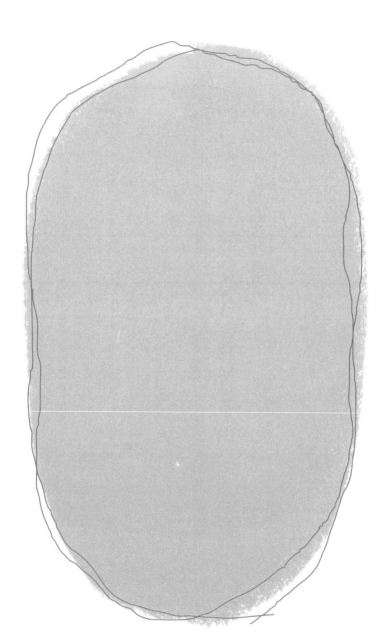

隨心所欲的自我介紹

文禎：為什麼電影中的主角要極力隱藏自己的情緒呢？

泰秀：一旦成為大人，好像都會這樣，到最後，從自我介紹就開始隱藏自己。

文禎：那麼，泰秀你也有不能寫在自我介紹的故事嗎？

泰秀：當然有囉。

比同儕慢的傢伙

#泰秀

有些人不管學什麼都很慢才上手，別人花一小時做完的事情，他們要花五小時，平時為了微不足道的事情鑽牛角尖，真正重要的事情卻做不了——那就是我。無論是讀書、運動或人際關係，我都要付出加倍的努力，才有辦法做得像別人一樣。老師說：「做不到沒什麼好丟臉，不去做才丟臉。」但我為自己感到丟臉，而且是無比丟臉。

即便是不像現今就業市場這麼競爭激烈的五年前，想要成為實習生也猶如伸手摘星。我是為了累積資歷才來當實習生，對方竟然要求看我的資歷，一路走著平凡之路的大學生，就連申請實習都不容易。儘管如此，聽到錄取的消息之後，我還是花了很長時間才相信自己辦到了。雖然心中充滿懷疑，但這是一個大好機會。水來了就要划槳，我決定讓自己一舉成為正式員工。

公司是小有名氣的廣告代理商，雖然有工作壓力，但學習新事物的感覺還不賴。過了一星期，我對工作內容也有了一定的熟悉度，這時負責帶我的次長說：「你比同儕要慢一點呢。」旁邊的代理笑著說：「怎麼這樣跟人家講啦，呵呵。」坐在我對面的實習生前輩，則是用覺得我很不幸的眼神看著我。那天，我徹夜無法入睡。

從隔天開始，我養成了偷偷在家工作的習慣。為了擺脫「他應該要繳錢來上班」的評價，我和其他人一起下班，但回家之後工作到凌晨。最後，為期四個月的實習結束時，我成了無業遊民。我雖然抱持期待，告訴自己「是這家公司和我不合」，但在下一間公司時，我也成了最晚關燈下班的人。「你比同儕要慢一點呢。」原因就在於次長的這句話久久無法散去。

有一天，我不小心搭了反方向的地鐵，於是用很難聽的髒話罵了自己。我到底會做什麼啊？我什麼都想不起來，只想起別組的代理對正在清理垃圾的我說的話。「泰秀，你不管做什麼都很認真呢，看起來很棒。」不知為何，我一直有想掉淚的衝動。

所以雖然很丟臉，但我別無選擇。我沒有任何優點，也沒有拿手的事情，但因為我什麼都不會，所以每件事都卯足全力。為了獲得一個對別人來說不足掛齒的東西，我奉獻了整個人生，熬夜苦思、寫文章、閱讀、說話與行動。我並沒有半途而廢，正因為常見的才能一項也不具備，所以我將生死寄託在每件事上頭。沒錯，我很擅長努力。

事到如今才說出這些，就連我自己都覺得好笑。假如有人說：「你這根本是在合理化自己的行為。」我也沒有反駁的餘地，只是不想連我都恥笑自己。雖然世界上沒人會認可我，但我想要認可沒有半點才能，所以連一秒的人生都沒辦法馬虎的自己。

順帶一提，最近我和太太一起學游泳。當然啦，在一起學習的人之中，我又是屬於吊車尾的一群。老師輪流看著太太和我說：「呃……如果兩人可以一起升上中級班就好了……」我很難為情地笑了，並且在游泳課結束時說：

「老師，我可不可以再多游一圈？」

Q 你有什麼優點，是沒有寫在自我介紹裡的呢？

隨心所欲地寫自我介紹吧！

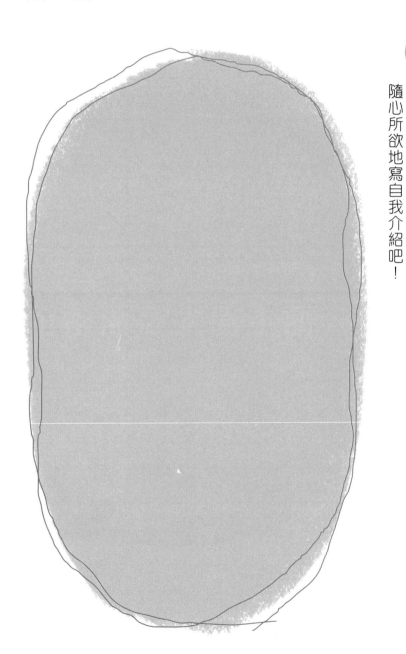

惡主管大賽開始了

文禎：泰秀，我們痛快地罵一場，然後忘掉吧。

泰秀：好啊，不過我能講其他人嗎？

文禎：那位次長以外的人嗎？

泰秀：對啊，還有更惡劣的傢伙。

不是次長，而是你

#泰秀

如果要票選二十一世紀最棒的四個字，我想選「我羅別不」。這個由英語和韓語構成的微妙組合，不僅發音琅琅上口，還具有放諸四海皆準的普遍性。「我做就是羅曼史（Romance），別人做就是不倫。」一九九〇年代誕生於政治圈的這個說法，今日在我們的生活中又是何種面貌？今天我想來談談這件事。

戀人關係、朋友關係、前後輩關係、家人關係，發生「我羅別不」的場合應有盡有，但其中最頻繁發生的地點是職場。現在要說的故事就是這樣。

很遺憾的是，我沒辦法直接公開公司名稱，以及即將登場的主角真實姓名，還請大家諒解。我很害怕再與那個人有任何牽扯，也希望可能的話，他能夠自行醒悟。因此，現在要登場的主角，我會稱呼他為「那傢伙」。

首先，那傢伙很寬宏大量。說得更精準一些，是「對自己」很寬宏大量。那傢伙極度痛恨別人遲交，無論什麼事，只要一拖延，就必定要說個幾句才爽快。這也無可厚非，畢竟遲交是很明確的過錯，至少在公司是不能被合理化的行為。可是很奇怪，這傢伙口中如此完美的論調，卻完全不適用在他自己身上。

在那傢伙的世界中，沒有人比他更忙。隔壁的公司、親近大哥的公司、聰明前輩的公司，以及年紀雖然比自己小，卻有很多可學習之處的後輩的公司，為了向這些人的公司學習，所以他完全不進自己的公司。總是午餐時間過了很久才姍姍來遲，把好不容易約好的事忘得一乾二淨。「當時您說要做的事情，明天就要完成了，您都做完了嗎？」最後當我忍不住開口問時，那傢伙回答：「最近太忙了，應該做不了，你可以幫我做嗎？」

第二，那傢伙的身高超過一百八十公分，體重也同樣超過平均，只不過這個體格遠遠超越東方人的傢伙，內心卻又是另外一回事。倘若要我給往後會遇到那傢伙的人一點建言，我會說：「聽到那傢伙的意見後不要插嘴，免得頂嘴之後，你可能要聽他談論 Google 鼓勵表達意見的會議文化長達半小時。」那麼，假如是反過來呢？

如果老實地說出他的創意不怎麼樣，就會聽到他回：「說話最好要有分寸。」如果回答「不錯啊」，他就會說：「為什麼這麼沒主見？」到底是要我怎樣？那傢伙偶爾會在社群網站上寫些「最容易毀掉組織的，莫過於無法接受誠實意見」之類的句子，這時我就會大口灌下平時完全不喝的燒酒。

那麼，我們究竟該拿那傢伙如何是好呢？對於一週固定有五天會見面，更甚者一天平均九小時以上要待在一起的傢伙，到底該怎麼擺脫他呢？說真的我不知道，因為我也同樣一心只想著要逃跑。也許就是這樣，此時的我才會寫這篇文章吧，因為如果沒辦法解決，好歹也要發洩一下。

和那傢伙長期共事的我，到哪裡都無法表達自己的心聲，只因我認為終究什麼都不會解決。但現在不太一樣了，現在假如碰到無論我再怎麼努力都解決不了的問題，我不會怪罪自己，而是怪罪那個傢伙。

和我一樣，或者處境比我更慘的人，大概在公司能改變的東西也不多，但至少能夠改變我們的心情吧？就算無法解決，也要發洩，或許這是平凡的我們最簡單的解決之道。

同一個傢伙

#文禎

我也認識那傢伙，我沒辦法讓他的故事在此畫下句點，至少是在講到這個問題的時候。還有，說到那傢伙的話題時，我也不能讓步，我想多說說關於他的事情。

公司的規模很小，夏季休假時必須輪流上班。有一次，其他組員接連休了假，但我因為有點難抓行程而遲遲沒有休假，結果一晃眼就秋天了，我成了最後一個去休假的人。組員們休完假回來，每個人的氣色都明亮了一些，就在我想著自己也該去休個假時，那傢伙突然召集大家過去。

「我好像得抽離一下了，也不知道什麼時候會回來。」雖然我的心中瞬間浮現了「現在輪到我了耶」的想法，但也沒辦法阻止眼眶中有淚珠在打轉、非得離開不可的那個人。

在那傢伙度過不知何時會結束的旅程時，時間又過去了一個月。工作量本來就很繁重，加上現在只由三個人分擔公司業務，每天連下班都有困難。一個月後，當那傢伙回來時，我真的很開心。

因為我也非常迫切地需要去休假。就在我心想要趕快趁現在去休個遲來的假期時，隔天另一個傢伙說了：「那傢伙不在時真的太痛苦了，我也要去休息一下。」可能是為自己休了一個月感到愧疚，所以那傢伙讓另一個傢伙去休假了。人員再次變成三個，簡直就是地獄。

等到另一個傢伙也回來時，我覺得自己連靈魂都要出竅了。大約有兩個月的時間，為了填補公司的主管們接連的空缺，我必須發了瘋似地工作。雖然前面只有輕描淡寫，但那段時間真的很痛苦。

可能是因為工作量太重，帶來了對等的心理負擔，我在地鐵上出現了恐慌症狀。早上的上班之路充滿了恐懼，有好幾次都想從必須搭乘超過一小時的一號線逃出去。似乎有某個地方出了嚴重差錯，我心想，雖然夏季休假多次延遲，但怎麼樣也要休個幾天再說。我傳了一封很長的訊息給那傢伙。

隔天我和那傢伙在咖啡廳對話，我很誠實地說自己太累了，想要休息幾天。可能是因為想休息這句話忍得太久，所以說話時一直有哽咽的感覺。聽我說完之後，那傢伙這樣說：

「你知道嗎？逃亡之處不會有樂園。」

那你為什麼去休假？比剛才更想哭的情緒和這個念頭一起自動冒了出來。那傢伙彷彿在一個月內學會了讀心術，接著繼續說：

「因為我去了，所以知道，我發現那裡並沒有樂園。總之我現在沒辦法讓你去休假，十二月左右再去吧。」

我羅別不，那傢伙真的對自己無限寬容，對別人卻很殘忍。他發現自己的狀態不對勁了，就覺得自己很不幸，所以當天通報完就去旅行了，但對員工身上的痛苦，卻要員工自己好好克服，這傢伙真是太帥了。我又不是要求他另外給我休假，只是想用掉本來就有的休假而已啊。

最後，我在十二月排定休假的三天前辭掉了工作。我沒辦法再和只對自己溫暖的男人一起工作。離職之後，有次偶然看到那傢伙的通訊軟體狀態上寫著「逃亡之處不會有樂園」，我還忿忿不平地在床上踢了好幾天的棉被。

在那之後，跟那傢伙一樣的「我羅別不」類型成了我敬而遠之的第一名。我經常會抽空祈禱，祈求往後要進的公司不要有那種傢伙。

Q
惡主管大賽開始了。
你要來參加嗎？

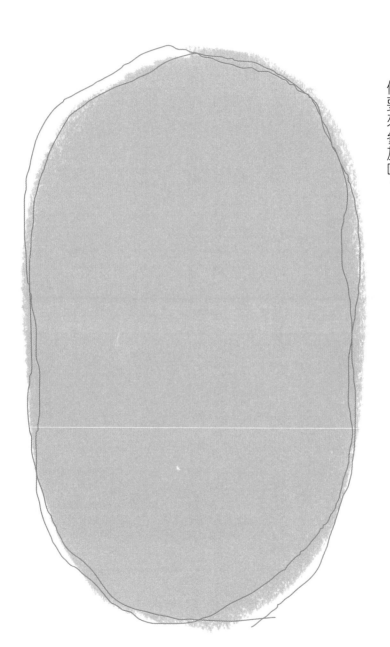

僅次於食衣住行的事

文禎：泰秀，你不覺得罵完之後，氣好像消了一點嗎？

泰秀：氣是消了，但……也感到有點苦澀，畢竟沒辦法每次都靠咒罵來宣洩。

文禎：確實是這樣。那麼，你有抒壓的方法嗎？

泰秀：我哦……

高僧不會去投幣式KTV

#泰秀

第一次去KTV是在我國一的時候，那是位於萬壽洞全醫院旁的金星KTV，歌曲一播放，我的感覺就來了。「滿暢快的嘛？」也許二十年的KTV單行人生就是從這時開始的。

學校放假時，我一個禮拜會去八次KTV。當時網路上流傳著只有喉頭咳出血來，歌聲才能登峰造極的奇怪謠言，我卻對這個說法深信不疑。每天晚上我和好友們一起去KTV，直到嗓子都啞了才回家。就這樣過了十年，我才與KTV漸行漸遠。

應該是在求職階段吧，唱KTV的基本消費時間要兩小時，加上額外贈送的半小時，這對求職族來說壓力過大，就連要找到一起去唱KTV的朋友都不容易，而且兩萬韓元的費用也不容小覷。當然，找到工作之後也一樣。忙碌的我，週末已經沒有投資在KTV上頭的餘力，滿月國中二年五班的歌唱大王張泰秀，被半強迫地走下了舞台。

「是壓力性腸胃炎呢。」醫生聽到我說，只要想到公司，腸胃就好像攪在一起，他這麼回答：「這很常見，您要充分地休息，還有多喝熱水。」接受沒什麼幫助的診斷後領了藥袋回家，藥效卻維持不了三天。雖然說出來很羞恥，但當時的我一天必須上六次廁所，有時還得在上班的地鐵上急急忙忙下車。「請充分休息，偶爾要做些讓心情愉快的事。」醫生的溫暖建言根本毫無意義。

「四首歌一千元」，就是在那時候，形形色色的霓虹燈映入了眼簾。我像是被迷惑般走向地下室，很習慣地買了一瓶水。六六七六七，我按下遙控器的號碼，點了金煙雨的〈離別計程車〉。這首歌的調很高，而且是非常高，我卻不由自主地產生一種熟悉感。「滿暢快的嘛？」我再次拿起了遙控器和麥克風。

Noel的〈全是你〉、趙長赫的〈中毒的愛〉、曹誠模的〈To Heaven〉，我完全沒有去想硬幣會用完的事。凌晨一點，直到我再也沒有歌可唱的那一刻，我才從

ＫＴＶ走了出來。喉頭滲出了血味。我的歌聲果然沒有達到登峰造極的層次，不過沒關係，我找到了遺忘多時的某樣東西。

技術必須是為人服務。無論再新穎、創新的技術，只要對人類沒有助益，終究只會變成無用之物。智慧型手機、電動汽車、ＡＩ、區塊鏈，二〇一〇年可說是技術的時代，但如果問我其中最人性化的發明是什麼，我會毫不考慮地回答「投幣式ＫＴＶ」。四首歌一千元，這個便宜又便利的空間，替多少人消除了壓力？我完全無法想像。

最近只要覺得肚子開始有疼痛的訊號，我就會投入千元鈔票，很乾脆地只唱三首歌就出來。準確地來說是十分鐘，只要這樣就夠了。一天十分鐘，用一千元創造的一坪空間，要比任何藥物和安慰都來得有效。

最近在做什麼？

#文禎

離職之後，曾有段時間怎麼樣都無法消除壓力。當時對我來說最好的辦法就是不和任何人見面。「最近在做什麼？」我討厭自己就連這個非常簡單的問題都答不上來。「沒有啊……現在也要開始重新找工作了啊。」像隻鸚鵡般如此說了兩年的自己顯得很沒出息。

但不和任何人見面並沒有替我澈底消除壓力，我一方面很懷念和好友們嘻嘻哈哈、吵吵鬧鬧的時光，另一方面這又成了壓力來源。沒辦法宣洩卻不斷累積的那段期間，屬於我自己的抒壓方法，也許要比食衣住行來得更加重要。

幸好，最近有人問我「你的抒壓法是什麼？」的時候，我有了答案。「我哦，會出去跑步一下。」當我這麼說，一般人可能會想到跑四十二公里的馬拉松，或者在漢江公園悠閒慢跑。通常我會任由大家去想像，但今天我打算據實以告。

我會跑步，不過不是跑很遠，大概就……跑個十公尺。

就連說是跑步都讓人有些難為情的十公尺跑步，是從今年四月左右開始的。因為感覺一直待在家只會不斷產生負面念頭，所以我半強迫自己和媽媽一起去散步。剛開始覺得心情跟著有了轉換，但慢慢走著，負面想法又重回腦袋。一邊走著，一邊思考求職與人際關係等世上的各種煩惱，感覺頭腦和雙腳都好疲累。

所以我決定乾脆停止思考。可是，這個名叫思考的傢伙，可不是你叫它「停下來」就會乖乖停止，所以需要採取極端的手段——我在原地突然狂奔了起來。一輩子沒運動的身體突然需要蹦蹦跳跳，腦袋似乎因此受到不小的驚嚇，頓時停止運作。那一刻，除了暢快無比之外，沒有其他字眼能夠形容。第一次嘗試奔跑的那天，我調整呼吸，不斷重複相同動作。回家之後的我，全身痠痛得不得了。

向來能走就不跑，能坐就不走，能躺就不坐的我，卻突然開始跑步，媽媽說還以為我瘋了。

在那之後，為了調整自己的狀態，我開始一點一點跑步。硬是要辯解的話，我不是在運動，而是在消除壓力，所以沒必要跑一個小時。總是得配合我的體力嘛，要是太勉強自己，只會惹來一身病痛。屬於我自己的抒壓方法，跑十公尺，雖然到哪說出來都會感到難為情，但不分時間與地點，不多不少，我都只要十公尺就夠了。

Q

你有沒有自己專屬的抒壓方法呢？

搞不好真的比衣食住行更重要。

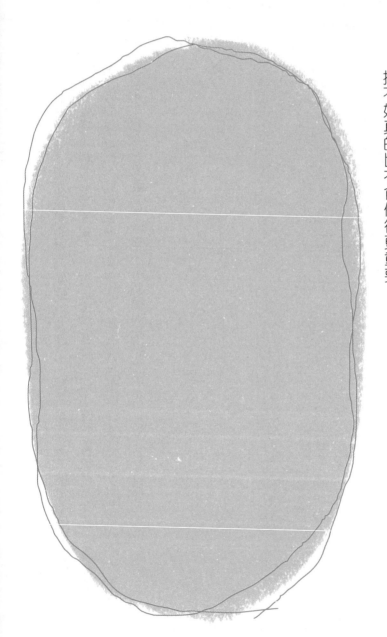

【一唱就壓力全無的歌單】

2NE1〈Fire〉
Buzz〈向我走來的旅行〉
Flower〈表達愛意〉
Nemesis〈棉花糖〉
紫雨林〈Magic Carpet Ride〉
g.o.d〈Friday Night〉
少女時代〈重逢的世界〉
Davichi〈8282〉
The Cross〈Don't Cry〉
金炫廷〈與她的離別〉
Big Mama〈死心〉
Cherry Filter〈浪漫小貓〉

你確定要刪除嗎？

泰秀：文禎，你什麼時候感到最難過？

文禎：我讓親近的人失望的時候，很想把那一刻從記憶中澈底刪除。

泰秀：是哦？那澈底刪除之前，要不要聽聽我朋友的故事？

去鷺梁津的男子，兩年後成為撞球三〇〇回來了

#泰秀

說起鷺梁津這地方，最先想到的就是水產市場，再來大概就是公務員補習班。每天早上為了去上一堂補習班的課程，閉著眼睛排隊的人潮超過了數百名，而我的朋友有超過兩年的時間都在那個隊伍中。

朋友的父親曾是名公務員，職級為五等，聽說是事務官，而且哥哥又是名老師。出生在公務員世家的他，也很自然報名了公務員補習班，在外頭過起獨自租屋的生活。凌晨起床這件事要比想像中更為清爽愉快，一個人霸占空無一人的教室時，內心真有說不出的滿足感。朋友每天都從沉重的背包中取出書本和文具用品放在書桌上，呼吸清爽的空氣，接著他就跑去打撞球了。

他發誓，起初只是出於好奇心。身處四面八方都是競爭對手兼監視者的圓形監獄之中，他只是很迫切地想要有個能暫時放掉壓力的玩樂空間。問題在於他的撞球才能。朋友的眼力太好，又擁有與生俱來的手法，只打一場就回去太可惜了。他研究出前所未有的技巧，在撞球比賽中遙遙領先，就連鄰桌的大叔們，也不知不覺中紛紛跑來看熱鬧，為他歡呼叫好。

看不見盡頭的公務員考生與鷺梁津撞球場的冠軍之間，朋友選擇了後者。當時朋友大約是二十四歲，撞球的平均分數為三百分。朋友驀然驚覺，好像哪裡出了什麼差錯。

深受良心譴責的朋友回家之後，家人特地帶他去吃排骨當作慰勞。排骨餐廳位於十字路口旁，店面很大，餐點又美味。邁入中年的父親說：「怎麼樣？讀得還順利吧？」朋友只是默不作答。母親也問：「一定很累吧？不過只要再辛苦一下，一切都會好轉。」朋友更沉默了。父親再次說：「是啊，只要上榜就海闊天空了。」真是一記適時安打，出於擔憂所說出的三句話，就足以將朋友的自責徹底粉碎。

「拜託，請別再說了！我討厭當公務員！」

整整三層樓的餐廳頓時鴉雀無聲。

朋友小心翼翼地向面露驚慌的爸媽吐露埋藏內心已久的想法。「我想做音樂。」原因無他，朋友從以前就很喜歡音樂，單純只是這樣，沒有更多理論根據。

時過多年，朋友形容當時是自己人生的轉捩點，曾經害怕為了自己快活而令家人失望，可是最後卻反而毀掉了自己。現在除了學習之外，朋友也會嘗試作曲。朋友依然打得一手好撞球，如果要說有什麼不同，就是他現在是用自己的錢找了一個房間，在裡面做這所有事情。雖然不像公務員般穩定，也沒有體面的名片，但朋友的人生看起來很暢快快活，這樣不就夠了嗎？

善良女兒情節

#文禎

聽說從很久之前，就有許多夫妻說想生女兒勝過兒子，與其生個木訥寡言的兒子，養育一個像朋友一樣的女兒比較不孤單。剛開始聽到這種說法時，我把自己拿來和話少的哥哥做比較，忍不住點了點頭，可是最近又興起這種想法——好像也得聽聽女兒們的立場才對。要成為符合父母期待的女兒，比想像中困難多了，要不然怎麼會出現「善良女兒情節」這種說法呢？

我媽對我的要求不多，差不多就是「適當」的程度。對成績的要求中等，對女兒該扮演的角色要求也中等，大概就是那種希望我考上能搭地鐵通學的大學，不然就是週末能陪伴媽媽的程度。雖然不知道這樣算不算適當，但至少我很努力達到要求。上大學之後，我成了某種程度上順從媽媽期待的女兒。從那時開始，媽媽都稱呼我「凡事會自己處理好的女兒」。

從親朋好友的口中聽到關於他們女兒的事情後，媽媽偶爾會跟我分享，像是有人的女兒第一次送媽媽到國外旅行，有人的女兒替媽媽慶祝結婚紀念日，或生日時準備花束和禮物之類的。媽媽還說，果然生女兒最好。當時，我也以為只要自己找到工作，就能為媽媽做這一切。沒想到自己會成為過了深夜十二點才回家，就連晚餐都沒吃的沒出息女兒。

搭乘末班車回家時，媽媽會問：「吃過飯了嗎？」聽到媽媽隨口的關切，我卻無法如實回答。「現在都幾點了，當然吃過了！」洗完澡躺下之後，我卻因為肚子餓而輾轉難眠。雖然不知道原因是什麼，但餓肚子的人明明是我，心中卻對媽媽充滿了抱歉。

獨處的時間變多之後，媽媽突然開始依賴起子女們，而必須在意這件事的人似乎是我，不是哥哥。因為哥哥沉默寡言，所以媽媽說他很無趣，可是時間久了，我卻越來越難和媽媽對話，我不知道自己該說什麼。

因為容易消化不良，我每一餐都要吃消化劑，不然就是恐慌症狀漸趨嚴重，搭地鐵時很痛苦，這些事我都沒辦法對媽媽說。當然，我也更不能告訴媽媽，向來成熟穩重的女兒，老是很不懂事地希望能在上班的路上被車撞到，這樣就能休息個幾天了。因為我是不想令媽媽傷心的善良女兒，是凡事都會自己處理好的女兒。

壓垮駱駝的日子就這麼冷不防到來。最後，我在毫無對策的情況下辭掉工作，待在家裡的時候，有一天感到格外鬱悶，所以去沖了個澡。見到我正在吹乾頭髮，媽媽走了過來。

「真不曉得哥哥出了什麼問題，要是能像你一樣凡事都自己處理就好了。」換做是平常，我大概只會左耳進、右耳出，但那天我忍不住對媽媽大吼：「媽，我有哪一樣做得好？我什麼都做不好，為什麼老是說我做得很好？我連自己該怎麼做都不知道。」

直到現在我依然不知道，我發脾氣的勇氣到底是打哪來的，只記得放在自己面前的吹風機。忍耐多時之後爆發的話語絲毫不懂得停止，我一股腦地說出了令媽媽失望的話，我說自己毫無計畫，什麼都不會，也說了討厭媽媽將我會把事情做好視為理所當然。媽媽的話，讓我覺得透不過氣來。

令他人失望是一件極為痛苦的事，但事過境遷，現在我會這樣想：「這是遲早都要讓對方經歷的失望。」從一開始就懂得該怎麼做，而且還能順利達成的人究竟有多少？在我的記憶中，這一切是暢快無比的瞬間，而非懊悔萬分的瞬間。雖然對媽媽真的很抱歉，但這種感覺，就像在海盜船下降的瞬間扯開喉嚨大喊般痛快。

當然，媽媽並不會因為我發了一頓脾氣就改變，令我吃驚的是，媽媽依舊是老樣子，反而改變的人是我。最近，當我聽到那些話時，不會努力想要當個好女兒，而是試著這麼說：

「媽，對不起，我是個成事不足、敗事有餘的女兒，不過我也拿這件事沒轍！」

Q

你曾有過讓人失望，卻覺得沒關係的一天嗎？

再次回想當時，不覺得有什麼不一樣嗎？

幕後花絮

不過，現在想起那件事還是很後悔

#文禎

我在離職之後去了歐洲旅行，因為是一人獨自前往，我只能放棄跟風景拍照。其中又以巴黎的治安最為惡名昭彰，所以也很難把智慧型手機交給他人，請求對方幫我拍照。不過，我希望至少能在艾菲爾鐵塔前面拍張照留念。我獨自站在能將艾菲爾鐵塔一覽無遺的橋梁前思索許久，想著究竟該怎麼拍這張照片。

就在這時，有對感情看起來很好的韓國母女經過我面前，我立刻用充滿渴望的眼神看著她們。「要幫你拍張照嗎？」對方竟然好心地主動向我攀談，而且明明只要拍一張就夠了，對方花了很長時間設定位置、姿勢，甚至還推薦APP給我，很熱情地替我拍照，真是太感謝了。假如我也是和媽媽一起來旅行的話，那會怎麼樣呢？我真的好羨慕，內心也充滿感謝。接著，我為了表達自己的心意，於是說了一句：「您是和媽媽一起來的吧？」結果對方回答：

「我們是同學耶。」

「……」

假如可以時光旅行，我一定會重新回到那一刻，看是要堵住自己的嘴巴，或者是揪住後頸，讓自己暫時昏厥。說出我人生中最輕率的一句話後，我感覺到自己全身都在發燙。

不管怎麼說似乎都無法收拾殘局。「乾脆就自盡吧……」我甚至還想直接跳進旁邊的河裡面。我不曉得自己當時是如何道歉，又是如何向她們告別的，等到我回過神來，人已經離橋梁很遠了。

我盡可能遠離那個地方，心想現在如果不被誰罵個幾句，自己應該會瘋掉，於是打電話給朋友，要求朋友罵我幾句。聽完來龍去脈後，朋友忍不住讚嘆，還說：「我以後要叫你巴黎垃圾，你一定會成為韓國人論壇中的主角，文章主題就是『不要替獨自旅行的觀光客拍照的理由』，她們以後絕對不會再向其他人表示善意了。」

是啊……謝了，朋友有多好，這時最知道。掛斷電話之後，接下來的旅程我開始了漫長的無言修行。

回想起那天記憶的同時，我忍不住想，以後都要默默接受找上門的壞事。但假如可以稍微替自己辯解的話，我會說自己向來都是三思而後言的類型，還有那兩人雖然口頭上是朋友，但其中一位可能是很晚才去留學。我曾經像是告解似地向其他朋友說起這件事，結果朋友打斷我的話，並用世界上最為冰冷的表情說：「你為什麼那樣說？」

「我也不知道究竟是哪裡出了差錯……」

我知道無論做什麼都於事無補，但我是真的、很渴望、帶著真心想刪除那一刻，而且也希望可以同時刪除那兩人的記憶。

幕後花絮

不過，現在想起那件事還是很後悔（二）

#泰秀

「聽說弘大、梨泰院的夜店不會讓超過三十歲的人入場，這是真的嗎？」這是二〇一八年十一月三十日上傳到「知識人」網站的文章。我很想說，自己只是單純出自好奇心才搜尋的，但我必須據實以告——我今年三十歲，而且很想去一次夜店。

我和從二十歲開始交往的女友在戀愛長跑十年後結婚這件事，不論到哪都會成為話題。「怎麼可以交往這麼久？」「沒有吵過架嗎？」類似的問題蜂擁而至，而我則會回答：「怎麼會沒有？我們也會吵架啊，只不過祕訣是我們會當場化解和好。」「哦……果然就是不一樣！」聽到這麼顯而易見的答案，大家依然表現得好像這是多了不起的建言。因為自己無法擁有的經驗，有時就會變成一種權威。對我來說，擁有這種絕對尊榮的就是夜店咖。

在我的國中同學中，有個人稱 Jitterbug 的傢伙，他是個連當兵時都可以在夜店吃很開的人，那傢伙動不動就會說：「我跟你說啦，經驗就是一種財產，你就去一次看看，去了就會懂了。」

每一次我都會找各種理由推辭。原則上我在成年之後就沒有和女朋友分過手，所以沒有機會去，而且我也很討厭沒有辦法對話的嘈雜空間，所以我總是說：「喂，世界上有多少比夜店有趣的玩意啊，何必去那裡？」其實我是在說謊，我只是想擺出「我和你們不一樣，我可是個高尚的人」的樣子。

以前女朋友曾經問過我：「我們要不要一起去夜店？」因為女友也同樣沒有上過夜店。我對著女友充滿期待的臉回答：「幹麼去那種地方？在ＫＴＶ也可以玩得很開心啊。」我從來沒有看過一個人的臉可以變得那麼蒼白。可能是因為當時造成太大的驚嚇，所以如今變成老婆的女友再也沒提起要去夜店的事。假如有人發明時光機器，我搞不好會回到那一天。

我並不是後悔自己沒去過夜店，我最後悔的，是二十幾歲時在各方面沒辦法坦誠以對的自己。也許就像知識人上頭的提問，如今我已經到了進不了夜店的年紀，但是，就算真的是這樣，假如老婆再問我一次，這次我想這麼回答：

「我看知識人上面寫，江南的夜店就算是超過三十歲的人也能入場耶。」

如今能說出口了，我的祕密

文禎：你有看綜藝節目《露營俱樂部》（Camping Club）嗎？

泰秀：沒有耶，好看嗎？

文禎：我看FIN.K.L的成員們吐露當年沒說出口的話，覺得很棒耶。泰秀你也有沒說出口的話嗎？

泰秀：有啊。

文禎：那要不要趁機說一下？說出來之後，一定會比想像中更暢快。

八歲時沒了媽媽

#泰秀

記憶中媽媽最後的身影，是和爸爸吵架的樣子。當時八歲的我，和姐姐一起躲在厚棉被裡哭，之後媽媽和爸爸離婚，而我被寄養在奶奶家。這就是全部了，在多年前的照片中露出親切微笑的媽媽，並不在我的記憶中。

我深刻體認到自己沒有媽媽的時候，是有一天在學校要填寫媽媽的姓名和職業。我很想硬寫點什麼，但怎麼樣都想不起來媽媽姓名的最後一個字究竟是「慧」還是「愛」。老師用很同情的眼神看著我，後來才私底下把作業本還給我。我覺得自己很不幸，明明不知道媽媽是什麼樣的存在，卻還一心想找媽媽，這樣的我太可憐了，所以才會將「媽媽」這兩個字從人生中澈底抹去。

如果沒有辦法擁有，就不要抱持期待，這是年幼的我能夠想出的唯一辦法。

這樣的我，時隔二十二年再次找到了媽媽，原因是因為奶奶。

「好歹也是生你的媽，跟她說你要結婚了，要媽媽來坐婚禮主桌。如果讓奶奶坐在那裡，會讓人看笑話。」我拚命拒絕，說我連媽媽的電話號碼都不知道，卻很吃驚地發現，原來姐姐手上有媽媽的電話號碼。姐姐說自己一直和媽媽保持聯絡，甚至連爸爸也是。我打了通電話給媽媽，用盡可能冷靜的口吻說：

「媽，我要結婚了，我們能見個面嗎？」

在高級排骨餐廳重逢的一家人，果然就和想像中一樣尷尬。「你過得怎麼樣啊？是和誰結婚啊？」要借助酒精的力量才能勉強延續對話。在當天得知的事情中，最令我吃驚的一件事莫過於爸爸和媽媽的年紀相差了十歲。媽媽說自己二十歲時和爸爸結婚，二十三歲時生了我。看到爸爸、媽媽和姐姐三人像在敘舊般有說有笑，而我只說了寥寥幾句。

即便年過三十，我依然很害怕「沒有媽媽的孩子」這個標籤，兒時遭受的異樣眼神，就算是時間也無法治癒。儘管如此，我仍想說：「我理解媽媽的心情。」我依然不曉得媽媽是什麼樣的存在，更無法想像自己是媽媽的媽媽，但我仍想輕拍媽媽的背，對她說：「那個年紀，光是考慮自己都來不及了，還要照顧一個沒辦法用言語溝通的孩子，一定非常辛苦吧？所以媽才會放棄一切，想一個人獨處吧？」要做到珍惜他人多過自己，當年的媽媽不免太過年輕。

年紀漸長，原以為自己辦得到，後來卻發現自己辦不到的事情太多了。當年的媽媽，會不會也是如此呢？我似乎稍稍能夠理解，當時年紀輕輕的媽媽必須背負照顧年幼的我的壓力了。

Q

你有想說的事情嗎？試著寫下來吧。

說出現在能說出口的祕密。

二號的週末日記——與家人享用一盤生魚片

#文禎

「你有沒有想倒轉回去的一天？」這個問題不斷折磨我。越是去咀嚼有趣的提問，我就越會鑽牛角尖，搞得自己的情緒越來越低落。就算多給自己一點時間或到了隔天也一樣。我想不出答案，但更令人煩躁的，在於每次想要寫點什麼，腦中就會浮現和公司同事們去參加工作坊的那天。

雖然我確實和組員度過了印象深刻的一天，但已經事隔超過三年，而且又是以前職場度過的某一天，竟然成了我人生中最想倒轉回去的時光，我很不想這麼寫。

就在我幾乎放棄回答這個題目，打算先回答其他問題的某個週末，我和家人一起外出吃晚餐，順便讓自己轉換一下心情。就在我默默地將馬鈴薯豬骨湯的骨肉分開時，突然有了這個念頭：「我要的真的很多嗎？」

即便是在公司上班時，我要求的也不多，組員們都很好，而我希望平常上班的時候也能像去工作坊那天一樣幸福，與認真工作的組員們有更多嘻嘻哈哈、打打鬧鬧的時光。我對家人的期許也是如此。

雖然我的夢想還包括了搬到更大的房子，或者不用擔心金錢問題，和家人一起去旅行之類的，不過我也一直夢想有一天能和家人在外頭簡單喝一杯。我很喜歡和三五好友悠閒地小酌，也很希望和家人之間能擁有那種美好時光，可是卻一次也沒有過。除了媽媽不喝酒，爸爸也是個難關，總覺得這種事跟我們家很不搭調。

一想到這，雖然不知道自己那天為什麼那樣做，但我鼓起勇氣試著問了一句：「我們要不要去隔壁的生魚片餐廳吃一盤生魚片？」還以為爸媽會拒絕我，沒想到他們很爽快地答應了。來到生魚片餐廳後，我們先點了比目魚生魚片，接著我再次鼓起勇氣：「可以點個啤酒嗎？」結果被爸爸否決了，爸爸說，他覺得燒酒和生魚片才是絕配。

老實說，雖然寫出對這種事感到幸福很令人難為情，但我覺得那天的時間過得太快了。因為大家的酒量都很差，所以即便只是分一瓶酒喝，也會變得語無倫次。

儘管如此，聊天的話題仍與平常看著電視、在沉默中吃飯時不同。

我說：「我們家的酒量太差，只要點一瓶酒，大家就醉了，可以省錢真好。」結果大家都笑了。媽媽也遲疑了一下，娓娓說出過世的外婆當媳婦時的回憶；爸爸則是說，那天的生魚片太美味了。接著，我們還說希望三不五時能像這樣在外面吃飯聊天。

因為想不出可以回答問題的答案，最後我直接創造了那一天。現在我能帶著真心回答，假如人生是一捲錄影帶，我希望能夠持續倒轉回這一天。包括黃湯下肚之後，家人們稍微放鬆的表情，美味的食物，甚至是捨不得時間過得太快，所以再三確認時間的我。這一天雖然陌生，卻很令人心滿意足。

一號的週末日記——**在週末吃牛肉**

＃泰秀

一公分跳水企劃第一週結束的週末，我一直想起某天在超市時，沒有買老婆想吃的價值兩萬五千八百元的醬油螃蟹。老婆一邊說這個只要三餐就會吃光的配菜比想像中更貴，一邊將推車轉向他處的身影，就算過了好幾天也忘不了。

可是不知道怎麼回事，就在同一天，我們把價值一萬元的牛肉烤來吃，並吃得津津有味的事情，我卻忘得一乾二淨。這就是我對待幸福的方式。我將瑣碎的不幸累積起來，並苦苦盼望會有巨大的幸福一次將它們全數抹去，同時說著：「我的人生就只有不幸。」

人生不會突然就變得不幸，這是我進行企劃十天以來的感觸。

經常堵塞的廁所下水道、眼前擦身而過的公車、突如其來的一場雨、動完雷射手術之後找上門的乾眼症、毛巾散發出水的腥味、沾到衣服的辣椒醬、大搖大擺插隊的爺爺、以及完全不聽我講什麼，只顧著嘮叨的奶奶。

每一天，我毫不遺漏地捕捉這些微不足道的事情，然後變得不幸。

我並沒有想要改變這樣的自己，因為反正好像也改不過來，只是我希望自己面對幸福時，也能像面對不幸一樣敏感。就像這個週末的晚上，我終於想起了享用萬元牛肉時的那些感受。用小小的幸福擊退小小的不幸，接下來的十天，我想把這件事設定為目標。

Q 三號的週末日記

參加這個企劃的過程中有發生什麼變化嗎？請試著寫下來吧。

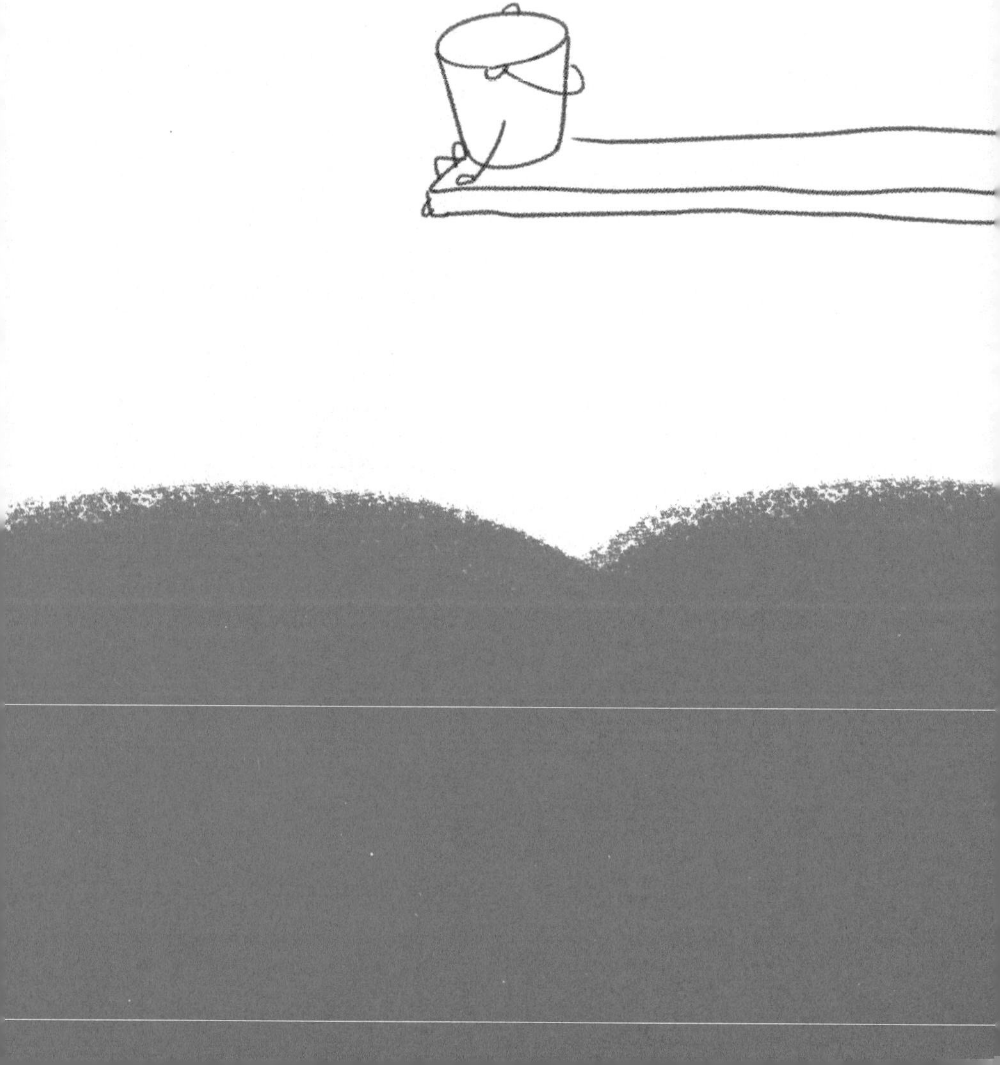

第三章

大口吸氣

——跳水之前，
最後的暖身動作

一定要有夢想嗎？

文禎：你的夢想是什麼？

泰秀：怎麼突然問這個？

文禎：因為我既沒有夢想，也沒有特別想做什麼，明明應該要過得很忙碌才對，所以偶爾會覺得自己這樣好嗎？

泰秀：嗯……

文禎：對不起，我又講了洩氣話。

泰秀：文禎，你知道周浩旻（韓國作家，電影《與神同行》原作者）嗎？

周浩旻所破壞的東西

#泰秀

破壞王周浩旻曾在他的漫畫《無限動力》中寫道：「臨死之前，想起的會是沒有實現的夢想，還是沒有吃到的飯？」漫畫的主角，求職族善載得到的這句忠告，在當時引起了讀者的熱烈迴響。時隔十一年，周浩旻參加綜藝節目《無限挑戰》，再次說：「要先吃飯才能做夢。」

我朋友的夢想是成為一名人權律師。雖然起步很晚，但朋友是個頭腦很聰明、運氣也很好的人，所以什麼都能辦到。也許正是因為如此，他才能果敢地辭掉好不容易才擠進的大企業工作，又比別人晚進入法學院就讀。雖然就學貸款有三千萬韓元，但他很有自信。

「錢無論如何都還得完。」朋友經常將這句話掛在嘴邊。

但到了今年，朋友的父親罹患大腸癌，弟弟被診斷出有胰臟的罕見疾病，母親的健康狀況也突然惡化，很難再繼續工作。雪上加霜的是，跟著父親一起去做健康檢查的朋友，也得知了自己的心臟不太好的事實。為了安慰朋友，我們約在經常光顧的血腸湯餐廳碰面，朋友說：「當初我就不該辭掉工作⋯⋯現在就不用吃這些苦頭了⋯⋯」聽到朋友說，明年考上律師之後，就要去當代駕司機，我不知道自己該說什麼才好。

那天回家的路上，我心想：「夢想之所以帥氣，不正是因為只有少數人能擁有嗎？『少年啊，去擁有夢想吧。』話雖如此，但即便是在漫畫中，實現夢想的不也只有主角嗎？」有人想實現夢想，就必須有人放棄夢想。殘酷的現實，這一堂課我還沒上過，所以聽到朋友失去夢想時，我不知道該怎麼安慰他。

我認為「夢想」這個字眼具有兩種意義。假如有人說自己睡覺的時候沒有做夢，沒有人會指責他，甚至如果做夢會妨礙睡眠，反而不要做夢比較好。人生不也是這樣嗎？假如沒有夢想也能生活，擁有夢想反而會成為阻礙，那不要做夢不是比較好嗎？假如能再次回到和朋友對話的那一刻，我想這樣對他說：

「我們就這樣過日子吧，沒有夢想也沒差嘛。」

夢想是什麼？說句老實話，如今我沒有任何夢想了。硬要說的話，我只想自在寬心地生活。為了夢想而必須凌晨才能回家，和親朋好友疏遠，現在的我，沒有勇氣再過那種人生。

最近只要到了週末，我就會睡到很晚才起床，先做個伸展操，然後再次躺在房間地板上。我會打開電視，喝杯冰涼的橘子果汁，一邊吹著電風扇一邊說：

「啊……真好……」

Q 一定要有夢想嗎？

寫下你對夢想的看法。

幕後花絮

要做就做這種夢

#泰秀

好像是在六個月前，我在臉書上看到一支標題為「車銀優好笑的原因」的影片。這支影片是把好幾個短片的畫面剪輯在一起，第一段畫面中的車銀優正在表演，第二段好像是在舉辦粉絲簽名會，第三段是在練習，接著第四、第五、第六段畫面也都大同小異。

這支影片大約五分鐘，任誰看了都覺得沒有搞笑畫面。這是在搞什麼啊？我帶著不爽的心情打算關掉影片，但我必須承認一件事——我好像有稍微笑了一下。尤其是車銀優朝著粉絲露出笑容的樣子，就連男人看了都會忍不住揚起嘴角。就算不好笑也能笑出來，我的內心驀然覺得自己很悲慘。

我是討厭偶像歌手，同時又對他們充滿憧憬的矛盾人。從東方神起到防彈少年團，這些偶像們不僅實力堅強，長得又帥，我實在很不想肯定他們，所以沒把他們的歌曲存進MP3，就算去KTV也絕對不唱他們的歌。要是有人問我最喜歡的歌手是誰，我會回答金範洙和金煙雨。我絕對不是在暗指這兩位的外貌不佳，但我也無法否認我從他們身上看到了自己的影子。

所以我花了很長的時間才接受這種心情，我也好討厭自己擁有這種夢想，只是我也無可奈何。想來想去，想要變帥似乎就是我的夢想。我想變得像車銀優、或像防彈少年團的V一樣帥氣，想在沖澡時一邊擦拭水氣氤氳的鏡子，一邊露出自我陶醉的微笑。我也希望，當我在吃辣炒年糕，嘴巴卻沾上紅色醬料時，有人會看著我直喊：「好可愛哦。」

電影中的阿拉丁在遇見精靈之後，要求他把自己變成一名王子，穿上能與心愛的公主相匹配的綢緞華服，乘坐地毯，把黃金披在身上。電影播畢後，我試著想了一下，我又會許什麼樣的願望呢？答案已經呼之欲出了。

精靈！請把我變得像朴寶劍一樣，立刻！

需要我自己的房間

文禎：泰秀，雖然沒有夢想也沒關係，但硬是要說的話，我倒是有一個。

泰秀：是什麼？

文禎：有自己的房間。

我的房間廁所

#文禎

我們家曾位於爸爸工作的工廠二樓，打開玄關門就會看到我的房間。爸爸為了監視我，經常工作到一半就跑上來看我。聽到「有沒有在念書？」這句話，以及玄關門快速開啟的聲音，就算當下我是在念書，也會突然受到驚嚇。即便時間久了，我還是沒辦法習慣那個聲音。假如還沒到晚上，我就已經躺在床上，就會挨爸爸的罵。明明是我的床，卻像是別人的一樣，感覺有固定的使用時間，生病躺在床上時，心臟也會狂跳不已。

可是，現在和爸爸分開住了，我反而更沒辦法使用自己的房間了，因為只要坐在那裡，就會接二連三地想起從前的事。大部分時間我都待在客廳，睡覺時則是睡在媽媽身旁。假如有人問我，你曾經想擁有自己的房間嗎？我會回答：「我一直都如此渴望。」

在家時，我會當成自己空間的地方，一直都只有廁所。當我想要獨處時，就會把洗手當成藉口，逃進廁所。只要待在廁所，就能緩解我的緊張，待在廁所的時候，任何人都不會開門進來。

說句真心話，我並不怎麼喜歡「我的空間就只有廁所」這種情況。我很怨恨害我變成這樣的爸爸，而且爸爸是家人，又不是外人，明明他將這一切都看在眼裡，卻不懂得我的心情，這更令我傷心。「為什麼好好的一個房間卻不能使用？」有人說，家人才是最不懂你的人，這句話說得一點也沒錯。

有段時間，我一直對這種狀況心存芥蒂，但現在我想做出一點改變。我很迫切地需要我的房間，假如沒有，我就到家的外面去找。這是我的結論。

最佳備案是漫畫店。剛開始去漫畫店時，只要有人經過，躺著看漫畫的我就會不自覺地連忙爬起來，像個傻瓜一樣。自己不但「躺著」，看的還是「漫畫」，卻完全不用顧慮別人的眼光，我真的很難適應這件事。

此外，當我有事情要做時，會把東西收進背包，然後跑到咖啡廳去。明明周圍都是陌生人，卻比待在家裡還要自在，這令我感到神奇不已。在咖啡廳好整以暇地喝杯咖啡，把該做的事情做完，再看個書，等回家之後，就算看到如今等於倉庫的房間，我也不會像之前那樣心情低落了。

漫畫店和咖啡廳，我希望自己能更常跑去這些備案空間，直到未來我真正擁有自己的房間為止。

Q 你有沒有一個像自己房間的空間呢？

想不出來時，就參考下方的條件。

我的房間條件：

1. 不必看他人眼色。
2. 什麼都不做也很放鬆自在。
3. 就算不是在家裡也沒關係。
4. 不必是獨處的空間。

肚子餓了兩秒鐘

文禎：**我們好像忘記了最重要的主題！**

泰秀：**嗯？什麼主題？**

文禎：**吃的主題。**

泰秀：**啊……**

絕對不會背叛努力的馬鈴薯煎餅

#文禎

料理名稱：

絕對不會背叛努力的馬鈴薯煎餅

材料與用具：

1. 小顆馬鈴薯，六個
2. 洋蔥，半個
3. 削皮刀
4. 刨絲器★（沒有的話就別做啦）
5. 篩子

6. 馬鈴薯粉

步驟：

1. 用削皮刀削去馬鈴薯的外皮。
2. 腦袋放空，將馬鈴薯刨成絲。
3. 將馬鈴薯絲倒進篩子，用水沖洗。
4. 同樣將半個洋蔥刨成絲，和前述的材料混合。
5. 在煎鍋倒一圈食用油，小心翼翼地煎炸馬鈴薯煎餅。

努力總是背叛我，無論是人生，抑或是食物。大費周章準備各種材料，煮出來的火鍋卻焦掉了；好不容易下定決心要烹調鮮魚料理，卻沒辦法去除腥味，最後直接送進了垃圾桶；硬把自己做的番茄奶油義大利麵吃下去之後，有兩年的時間只要聞到類似的味道，胃都會一陣翻攪。

可是，在這個殘酷的世界裡，有一項絕對不會背叛努力、令人感激萬分的料理，那就是馬鈴薯煎餅。用刨絲器刨馬鈴薯絲時，手臂會很痠痛，製作也很費時，足足超過一小時。可是當煎餅完成，咬下一口並含在口中時，那種彷彿置身雲端的嚼勁與口感，讓一切努力都值得了。用果汁機打成馬鈴薯泥之後所製作的馬鈴薯煎餅，絕對無法模仿這個味道，只有經過刨絲器做出來的偉大馬鈴薯煎餅，才會有這種好滋味。

有壓力的時候，就拿出馬鈴薯慢慢刨絲吧。雖然製作這道料理有點辛苦，但只要吃上一口，就會明白馬鈴薯煎餅是多麼講義氣的食物。今天只能寫到這裡了，我的肚子真的好餓。

偉大的韓食

料理名稱：
醬油雞蛋飯

材料：

1. 大量米飯
2. 醬油（釀造醬油）
3. 兩顆以上的雞蛋
4. 香油
5. 芝麻
6. 鮪魚，或是泡菜和泡菜湯（重點食材）

#泰秀

步驟：

1. 準備一個裝湯麵的大碗，銅製大碗也可以，但不能使用一般裝飯的小碗，量太少了。
2. 在碗中裝入滿滿的米飯，裝到覺得「會不會裝太多啦？」的程度。
3. 放入三大匙醬油。（根據飯量而有不同，如果是能裝滿湯麵大碗的分量，三大匙醬油就夠了。）
4. 加入一大匙香油。
5. 加入一大匙芝麻。
6. 加入一大匙鮪魚。（雖然吃起來有點乾澀，不過如果你喜歡豐富口感，推薦你加入。）
如果家中沒有鮪魚，就加入一大匙泡菜和泡菜湯。（沒胃口時，吃這個最棒了！吃吃看吧，沒吃過是不會懂的。）
7. 最後！加入兩顆荷包蛋。（注意！一定要是半熟。）

碰上睡覺都來不及的日子，要自己做飯吃並不是什麼簡單事。如果是和家人同住還好一點，但如果是自己一個人住，碰到又累又睏，肚子又很餓的時候，那根本是一場災難。每當這個時候，我就會做這道料理——醬油雞蛋飯。你可能會認為，根本不可能會有簡便又美味的食物，不過這道料理真的是這樣。要說有什麼麻煩之處，就只有用湯匙攪拌各種材料時，手腕會覺得有點痠痛罷了。

一個人住的我，明白每一個人都很辛苦。回到家之後，看到堆積如山的待洗碗盤、還沒丟棄的垃圾、空無一物的冰箱時，可能會想「晚點再吃吧」，然後放棄吃飯這件事。這時，就來嘗嘗這道料理吧。

從料理到享用餐點，只要十五分鐘。充足的分量、醬油與白米飯、芝麻與香油，最後再加一匙鮪魚就完成。如果能再來杯暢快的啤酒，搭配一部電影就更完美了，你一定會發現，自己的身心在不知不覺中被填滿了。

Q

請分享一下你專屬的食譜。

我的專屬必殺料理。

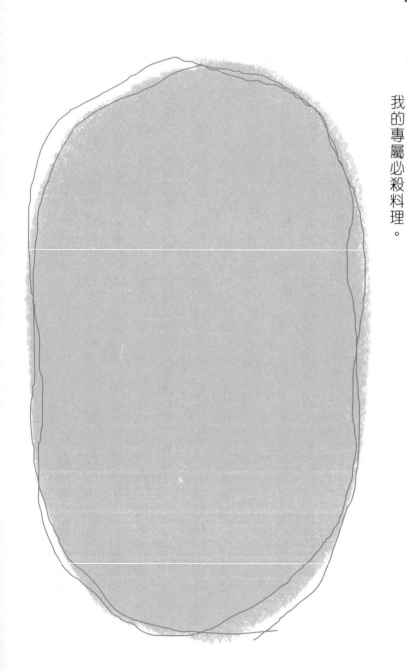

今天就到這邊，我們去吃個東西吧。

一號：我要吃辣炒年糕、血腸、炸魷魚、魚板湯和拌麵。

二號：我要吃蝦子壽司、鮭魚壽司、奶油培根義大利麵、生拌牛肉、提拉米蘇蛋糕、珍珠奶茶和奶油麵包。

一號：你可以一次吃完全部？

小確幸太龐大，
那就迷你確幸好了

泰秀：文禎，大家不是經常會提到什麼小確幸嗎？你也有這種東西嗎？

文禎：我好像前面都寫完了耶。

泰秀：那，有沒有比小確幸更小的迷你確幸？因為真的太過渺小，所以毫無感覺就消逝的那種。

據說首爾比西伯利亞冷耶

#泰秀

二〇一八年的一月，晨間新聞大幅報導：「首爾零下十七度，比西伯利亞更加嚴寒。」又來了，又在胡說八道了，雖然我心想「韓國動不動就愛誇大」，卻沒想到是真的，那年的首爾，比世界上任何一個城市都要寒冷。

當時的我，身上穿著夏季促銷下殺兩折的羽絨外套。它是我一邊對抗酷暑的烈陽，一邊精心挑選出來的好貨。站在旁邊的銷售員說：「只要有這一件，就算是在西伯利亞，也可以穿著短袖到處跑。這個叫做鵝絨的東西可不簡單，不然大冬天的，那些鵝怎麼還能在水面上游來游去？」結果這件大衣只花了十分鐘就變成無用之物，不要說什麼短袖了，包括高領毛衣在內，我總共穿了三層，結果身體還是抖個不停。

下班之後，在我不知道是怎麼搭上地鐵時，智慧型手機的溫度計顯示著零下十八度。這個數字真是奇妙，因為待在比想像中暖和的地鐵上，所以覺得還好，但我很快就得下車了。這時，奶奶打了通電話過來：「什麼時候回家啊？」我也好想知道我什麼時候能回到家。我一說完「快到了」，隨即掛斷了電話。

我將雙手插進兩側腋下，將帽子緊緊往下壓，接著再次確認冷風沒有趁虛而入的機會後，才走出地鐵站。有個腳上踩著三線條紋拖鞋，襪子只到腳踝，上半身也只披了一件西裝外套的國中生從我旁邊經過，這時腦中很自然地浮現了「季節瘋子」這個說法。

經過一番波折，最後總算回到家時，我的腦中就只有一個念頭——先躺下來。本來應該先換衣服、沖個澡才對，但我的心中只想著「管他的，等一下再說」。「哦冷，哦冷。」我一邊喊著奇怪的語助詞，一邊打開房門。掀開奶奶替我鋪好的床，將雙腳擺入，縮起身子，再次蓋上了棉被。

啊……電熱毯已經打開了。是奶奶打開的，彷彿知道我這一天過得很辛苦，而且知道我一回家就會躺下來似的，溫度也調得恰到好處。我很想哭著喊一聲「奶奶……」，但淚水並沒有流出來。

我回想了一下從早上到現在的一整天，以後我再也不能小看天氣預報，不能再相信促銷人員說的話，還要每天對奶奶心存感激。就這樣過了半小時，充滿幸福與感謝的心情瞬間轉為擔憂。「要是現在睡覺，可以睡幾個小時？」我拖著沉重的身軀起床、刷牙、洗臉，洗頭髮、擦拭雙腳，就只做到洗澡之前的階段，然後又躺回床上。

明天又會有多寒冷呢？恐懼的心情，讓我忍不住把棉被包得更緊了。外頭冷得要命，但家裡真是太暖和了。想到這裡，我忍不住笑了出來。

只要一張電熱毯就能獲得幸福的人生……說起來似乎有種微妙的浪漫。

午餐吃牛骨湯如何？

#文禎

睽違兩年再次見到以前曾一起工作的泰秀，我發現他有一個地方變了。過去一起吃午餐時，無論說要去哪裡都會毫不猶豫地喊「好啊！」的人，為了這次的企劃見面時，卻頻頻對午餐吃什麼提出意見。

有一天，他執意要吃烤魚，讓我在大熱天下大汗淋漓地走了一大段路，甚至還逼我吃朝鮮冷麵。過去他是個吃什麼都行，只要能吃飽就好的人，所以幾天下來，我隱約覺得對方這個改變滿明顯的。

後來我才知道，原來他又單獨進行了另一個企劃，名稱就叫做「挑選菜單企劃」。過去吃飯時，他總是依朋友們的意見來決定菜單，但離職之後，他想要主動地表達自己的想法。雖然這並不是什麼大事，但他說自己彷彿成了連吃什麼也會主動說出意見的人，所以心情很好。

聽完這個企劃之後，我才幡然醒悟，原來我在和其他人吃飯時也不會提出自己的意見。當有人問「你想吃什麼」的時候，我就會回答「你呢？」「就選你喜歡吃的吧！」雖然不知道是從什麼時候開始的，但這在無形中變成了一種習慣。

會不會就是因為這樣，我才老是覺得獨自吃飯和獨自旅行比較自在呢？因為從菜單到見面地點、時間，從旅行地點到旅行風格，只要是和某個人一同前往，我就幾乎都會配合對方。

最近我也偶爾開始對午餐提出意見。幾天前，我說要去吃必須稍微走遠一點的牛骨湯。原本以為菜單這種事情太過瑣碎，大家會因此而小看它，結果……真的都沒有人注意到。

「偶爾試著說出要吃什麼」，雖然總覺得世上還會有這麼小的小確幸嗎？但至少我還滿有成就感的。

Q

「這也太微不足道了吧？」就算是這樣的事情也很好。

小確幸太龐大，那就迷你確幸好了。

我也是「學術人」

文禎：泰秀，新聞上説，持續學習的人叫作「學術人」（Homo Academicus）耶。

泰秀：那我應該不是。

文禎：你沒有想學習的新事物嗎？

泰秀：我最近哦，比起學習什麼或汲取新知，我更希望想起被自己遺忘的事情。

文禎：我有三件事想學耶……要先聽我説嗎？

如何尋找離家出走的貓咪

#文禎

第一，學習如何尋找離家出走的貓咪。可能有人會想，學習這個要做什麼，但實際上還真有人以此為職業，就是幫忙尋找離家出走的寵物貓咪的「貓咪偵探」。

去年朋友家的貓咪離家出走，我在替朋友尋找貓咪的過程中第一次知道有貓咪偵探的存在。偵探會掌握貓咪主要逗留的地點和習性，幫忙尋找貓咪。看到無論主人如何呼喚，都不見貓咪的影子，偵探一出馬卻三兩下就找回來了，不禁覺得他們比福爾摩斯還要帥氣。

我以後也一定會養貓咪，為了這一天，事先學起來也沒有壞處。

第二，學習如何帥氣地跳水。我們的企劃名稱有「跳水」二字是有原因的。我非常喜歡「跳水」這個說法帶給人的刺激感。儘管現在的我膽小如鼠，就連很淺的地方也不敢跳，但我想要先鍛鍊自己，之後在高度適當的跳水台上跳一次看看。

重點在於如何「帥氣地做出跳水這個動作」。希望當我的身體與水面接觸，發出驚人的衝擊聲時，在一旁觀賞的人不會覺得我很可憐。

第三，學習各國的傳統舞蹈。有人說：「看過一個國家的舞蹈，就能得知它的文化。」當然啦，我並不是想抱持這麼遠大的抱負去學習，只是看到電影中有跳傳統舞蹈的畫面時，就會莫名感到熱血沸騰。雖然現在每天早上都要搭兩小時地鐵上班，但畢竟世事難料，誰也說不準。

假如有一天，我搭上的不是地鐵，而是搭乘飛機去旅行，恰好街上正在舉辦慶典，那麼，我也會有舞動一曲的機會吧？到時我希望能跳著事先學習的那個國家的傳統舞蹈，令眾人大開眼界。只不過，我希望屆時是獨自一個人去旅行。

筷子拿得好才能吃飯嗎？

#泰秀

很久才見到面的朋友說想學習拍攝 Youtube 影片。朋友經營的頻道訂閱者人數為十七名，他說自己的目標是在今年內達到這個數字的一百倍。此時，另一個悶不吭聲的朋友也說話了：「我想學街舞。」朋友讓我看歌手朴宰範的〈身材〉（Mommae）音樂錄影帶，並且說這就是男人的性感。接下來很自然地輪到我，朋友們問：「你想學什麼？」我卻推托說生活都有困難了，迴避了這個問題。

都這把年紀了，還說這種話真的很難為情，但我想學習如何拿筷子。可能因為從小就是由奶奶帶大的，所以就算現在已經長大成人，我還是拿不好筷子。嗯，也不是完全不會拿筷子，但就像嘻哈饒舌樂團 DJ DOC 那些大哥說的，我用自己的方式吃得很好。不過想來想去，現在好像應該來練習一下了。

幾個禮拜前我和太太及雙方家長見面的聚餐場合上，小菜中有一道醬煮黑豆。我已經吃飽了，但想讓口腔感覺清新一些，於是伸手夾黑豆來吃，沒想到才剛夾起來就掉了。這下激起了我的勝負欲，於是我再夾了一次，這次是直接掉到了地上。這件事完全沒人在意，但我的臉頰卻不斷發燙，默默擔心會因為筷子拿不好而被討厭。從那時開始，無論是什麼食物，我都會用筷子去戳。

因此，你想想看，當其他人都在說什麼製作 Youtube 影片、學習街舞，我要怎麼說拿筷子的事？還不如臨時掰一個。不過我是認真的，假如必須學習什麼，我想先學習如何拿好筷子、如何折疊衣服，這類平時忙著生活而擱置的小事。

面子這玩意真是個冤家，只要閉隻眼睛向親朋好友問一聲就行了，我居然還特地搜尋 Youtube 影片來學習。距離今年結束只剩下三個月，我的目標是連續夾起五顆黑豆。這件事做起來不容易，但只要一天三餐持續練習，總有一天會成功吧？學術人，現在的我似乎並不符合這個稱呼，但只要時間久了，我能夠接連做好這些微不足道的小事，那麼我也會想試著學習帥氣的事情吧？我遙想著未來，今天也持續訓練自己。

Q 最近特別想學的東西？

什麼都想不到嗎？這很正常。

我花了三天思考這個問題的答案。
因為過去都是先想到「必須學習的東西」，
而不是「自己想學習的東西」，
所以想不出來其實很正常。
不過，思考這個問題之後，二號有了愉快的心情，
一號則是在思考完之後，學了如何拿好筷子。
只要試著想一下，身為三號的你也會產生正向變化。

假如最後期限
是在臨死前

泰秀：我沒什麼想學的，倒是有件事想在死前試一次。

文禎：什麼事？

泰秀：寫小說。文禎你也有想嘗試的事嗎？

文禎：我也是從以前就有件事想去做。

彈奏吉他的八十歲奶奶

#文禎

奶奶彈奏吉他，不覺得很帥氣嗎？

光是這個想法就足以在我心中點燃火苗了，但並不是因為我沒學過吉他，而是每次人生中都會碰到更重要的事情，所以沒辦法持續練習。這件事的開頭，是休學後的我到樂器行買了一把吉他。看到我在客廳一邊觀摩Youtube影片，一邊彈奏好幾個小時的〈出發去旅行〉，媽媽說：「你是想成為歌手嗎？」是啊，現在可不是什麼彈吉他的時候，於是我放下吉他，開始到外頭累積實習經驗。

再次燃起對吉他的熱情，是在我大四的時候。這時，我只要聽到「求職族」這個字眼就會產生壓力，所以我希望一個禮拜能有一天靠興趣來抒解壓力。我背著家裡的人開始偷偷上起吉他課，但這次又碰上了其他問題——聽到自己彈吉他的聲音之後，心情非但沒有變好，反而壓力更大了。從此之後，我就再也沒有把吉他從盒子裡拿出來過。

如果是因為厭倦了吉他，好歹還可以把它賣掉，但我依然很喜歡吉他，喜歡自在地放鬆肩膀，以及手指撥動琴弦時發出的音色。我真的很喜歡吉他，但這輩子能聆聽他人演奏就該滿足了。我原本是這麼想的，但想到截止期限是八十歲，心態也就有了變化。

假如是在五十四年後，那麼即便是被排在最後面的事情，也一定有機會去做。我從以前就一直很想彈奏〈Chocolate Legs〉，雖然很喜歡這首歌，但親自演奏的難度過高，所以我從一開始就打退堂鼓了。想到八十歲老奶奶彈奏吉他的畫面，我就巴不得趕緊回家練習，只是，回家之後我得先躺一下。

遙遠的五十四年後，雖然不知道 Youtube 到時還在不在，不過我想把第一支影片的標題訂為「八十歲彈奏的〈Chocolate Legs〉」。

雖然說這句話還有點早，不過我還是想試著說一下。

「請大家幫我按讚、訂閱，還要記得開啟小鈴鐺哦！」

克林普！

#泰秀

克林普！這裡有一群喊著不明口號的人，放眼望去都是二十幾歲的男女，而所有人都留著簡短俐落的金髮。這些人感興趣的，就只有站在講台上的一名男人。

採訪男子的記者說：「這位男子名叫克林普，是提出『平等的不幸』公約的總統候選人。」

男人登場之後，隨即成了全場焦點。新聞和電視節目紛紛譴責他是二十一世紀最惡名昭彰的邪教教主，但男人沒有做任何反駁，只是以快狠準的手法讓民眾陷入不幸。不過，他的方式有些特殊。他將人們腦中的幸福記憶徹底抹去，無論是什麼樣的人，只要被他纏上，就會性情大變，搖身變成不會獲得幸福的人。

所有人都公平地享有不幸，他口中的公約正在逐步實現。

要是有人好奇後續發展，那我就能鬆口氣了，因為這是我死前要完成的小說的前言。書名為《克林普》，在德語中為公平之意。

三年前，我讀完《我們面前的生活》（*The Life Before Us*）這本小說後突然產生這種想法——我也想寫這種故事。這是關於一個不曾得到愛的孩子，用自己的方式去愛另一個人的故事，卻莫名令人哀戚。

我似乎就是從那時開始寫作的。碰到情緒低落的日子，我就會寫寫日記，有什麼點子浮現時就會做筆記，有了快樂的回憶時，就會將它記錄下來。可是不知道怎麼回事，只要下定決心要創作小說，就會腦筋一片空白。

大概是出於恐懼吧，好像看到自己的文章寫得如此無趣，就會澈底放棄寫作，所以光是寫出這個前言，就不知道耗費了幾年。

我今年三十歲，到死前大約還剩下五十年。如果專職小說家一年可以寫出一本小說，那我應該可以寫出一篇散文的分量？散文的五十倍……寫到八十歲左右，應該能寫出一篇短篇小說吧？

順帶一提，假如你很好奇故事的後半部，那就請多多支持了，五十年後，到時我會公開克林普的真實身分。

Q 想在死前實現的事情。

賭一把大的吧！反正期限是在臨死前，有什麼好怕的？

辭職並不是答案

泰秀：文禎，你最近的表情好像開朗多了。

文禎：我嗎？

泰秀：是啊，不過很抱歉要潑你冷水，但往後可能還會碰到許多不幸的事。

文禎：那我們為什麼要做這個企劃？

泰秀：這是事前防範。

文禎：什麼？防範什麼？

泰秀：防範未來的不幸。

請試著在辦公桌上放符咒

#泰秀

女友在前年摔斷了腿，因為女友的家人不方便來照顧她，因此我代替他們每天到病房報到。幸虧手術順利結束，一個月後，女友出院了，而我的爺爺也在那時候過世了。這是我當時匆匆忙忙離開病房並趕往葬禮會場的原因。

姐姐和奶奶都處於昏厥的臨界點，爸爸和大伯也都放下手邊的工作趕了過來，痛苦一下子全找上門，我卻不懂為什麼偏偏發生在我身上。

某一天，因為實在太痛苦了，於是忍不住向住在附近的朋友大吐苦水。朋友問我，為什麼連我都要跟著你一起痛苦？因為我們是相識多年的老朋友，所以我以為對方自然會很樂意傾聽我的煩惱，但這一切都只是錯覺。我大概就是從那時開始有了閱讀習慣，包括《罪與罰》、《異鄉人》與《我們面前的生活》等，主要讀的都是很陰鬱的小說，但看了那些絕望主角的故事之後，反而覺得自己的人生還過得去。神奇的是，我的身心一點一滴地充飽了電。

上下班途中閱讀小說，能讓一天擁有好心情，而且向親朋好友推薦好書也能帶來小小的成就感。把每天早晨閱讀的小說放在辦公桌上，就像是貼上一種符咒——今天也讓我平安無恙地度過吧。

「讀一點對工作有幫助的書怎麼樣？」這時公司總經理的建言從天而降。總經理說，擔心我會變成大器晚成的文藝青年。好奇怪，我應該趕緊笑一下度過這個關卡，可是卻笑不出來。「你算哪根蔥啊？」反而是熊熊的怒火油然而生。隔天，抵達公司之前，我將小說收進背包，接著在書桌上放了自我潛能開發書籍，那是總經理很久以前就推薦過的書。

等到我下定決心要離職時，我有種感覺，覺得自己徹底遺失了很重要的東西。雖然不確定那是什麼，但我肯定它舉足輕重。我先跑去旅行，在兩旁都是水杉林的小路上自拍，還和朋友們通宵買醉。兩個月過了，竭力忽略的現實猶如在高速公路奔馳般迎面襲來。「我該開始重新找工作了……」我又習慣性地拿起了書，是一本叫做《明天別再來敲門》的書。

我很喜歡在上下班的路上閱讀小說。前後加起來稍微超過兩小時的時間，我經常能從中獲得熬過一整天的原動力。但也許就是因為如此微不足道，所以才更容易放棄。無論何時都能做到，因而將它擱置一旁的這一刻，過去卻支撐了我的人生。

最近我又開始重拾小說，也許是因為之前太過沉迷於智慧型手機，所以一天也讀不了多少，有些書甚至花了快半個月才讀完。不過，我還是很喜歡這段時光。儘管明天、後天和明年，我人生中的不幸依然會比幸福更多，但這段時光能讓我明白——無論何時，我都能頻繁地獲得小小的幸福。

儘管如此

#文禎

佛祖曾說：「人生如苦海。」二十一歲，我和社團一起參加寺廟寄宿活動，從師父傳道中聽到這句話時，我忍不住頻頻點頭。我在高中和大學讀的都是天主教學校，要好的朋友們多半是天主教徒，但我卻像是如今才邂逅過去追尋的宗教般，對師父所言點頭如搗蒜。

就我自己來說，壞事總比好事多，悲傷的事也比高興的事更常發生，甚至到了令人匪夷所思的程度。這當然不是出於我的選擇，但也不是我的錯誤造成的，只是非常奇怪，它們就是會接二連三地發生。也許是因為這樣，所以我從小負面想法就多過正面想法。與其想得太過樂觀，之後才被捅一刀，不如一開始就往壞的方面想，之後就可以說：「看吧，我早知道會這樣。」感覺也不會那麼悲慘，雖然不管是哪一種都同樣辛苦就是了。

不過，至少現在，我想說一下不幸與痛苦算是我的拿手領域，因為就算我不知道獲得幸福的方法，好歹對於痛苦時如何好轉有點了解。其中我想介紹的是自己最喜歡的方法。雖然不確定我是從什麼時候開始使用這個方法，但我經常在發生不幸的事情時閉上眼睛，並且念這句咒語——「儘管如此」。

「雖然事實如此，但也無所謂。」如果在入口網站搜尋「儘管如此」，就會跑出這類字典上的定義。讀小說時，如果出現這幾個字，我也會感到一陣欣喜。因為無論眼前的希望再怎麼渺茫，都會給人一種結局將有所不同的期待。接著，小說中的主角們會憑自身意志過關斬將。「儘管如此，他什麼都沒有做。」從來沒有一次是以這麼奇怪的句子作結。

從小，我就無力阻止不幸驟然降臨，而每一次，我都會閉上雙眼，想像那幾個字的到來。那麼，就算想要放下一切，也經常會浮現「不能就這樣結束」的念頭。這句咒語，也是兒時悲觀到骨髓裡的我，能夠說出的最正向樂觀的咒語。

現在傷心時會聽歌、看悲傷的電影，但兒時的我什麼都不能做。當年的我，很需要能夠不花一毛錢，卻又能立刻轉換心情的東西。說來悲傷，但這句咒語似乎在往後的人生仍會與我同行。參與這項企劃時，我暫時遺忘了不幸，但正如佛祖所言，不幸會永無止境地到來。不過，我想要用這種方式作結。

兒時是不幸的連續，長大之後也依然會是如此。

儘管如此，我仍不會放棄獲取幸福。

Q

用我自己的方法防範往後的不幸。

事先準備好，日後一定會派上用場。

二號：請你推薦我幾本書。因為我也非常喜歡看書。

一號：是哦？你有看過《黃色潛水艇》（노란 잠수함）嗎？

二號：沒有。

一號：那《杏仁》[1]？

二號：沒有。

一號：那《牛骨湯》[2]……？

二號：夠了。

1 孫元平著，繁中版由皇冠文化出版

2 金永卓著，繁中版由高寶出版

最後一個問題，未說完的話

文禎：我可以再說一件事嗎？我最後還有一件事情想說。

鄰居奶奶的故事

#文禎

小學四年級的時候，我像平常一樣搭乘電梯，按下十三樓我家的按鈕，這時旁邊的爺爺向我搭話。

「隔壁住了一個脾氣很差的奶奶吧？」

我無法答話，因為我家隔壁住了一對年輕夫妻，而那個脾氣很差的奶奶就住在我家。我最後想說的故事，是關於奶奶的回憶。

住在十三樓、脾氣很差的我家奶奶，假如有本書叫做《我已經活出自我》，那麼我奶奶會是最適合當封面人物的人。奶奶不僅毫不畏懼和老人活動中心的老爺爺們吵架，而且在任何人面前都不會屈服。小時候，只要想到家裡可能遭小偷的事情，我就會想像自己緊緊貼在奶奶身旁，這樣我的情緒就會平復下來。奶奶對我來說，曾是非常踏實的依靠。

大約是在我高二的時候，這樣的奶奶卻生病了。因為爸爸的工作不太順利，我們家搬到了距離原來住處稍遠的地方，這時奶奶出現了失智的症狀。

失智症這種病，讓大家遺忘了奶奶先前是什麼樣的人，我也因此明白，在失智症面前，努力壓抑怒氣僅是徒勞無功。奶奶真的很我行我素，有時一聲不吭就突然搭著公車消失，也曾在大雪紛飛的日子，背著家人偷偷跑到外頭，結果摔了一跤，在家門前暈倒。

當時因為家裡經濟狀況不好，哥哥和媽媽晚上都得在餐廳工作，而我是高三生，放學回家之後，就必須和奶奶兩人一起度過。奶奶說自己睡不著覺，對著我大吼，要我去幫她拍背。奶奶患有失智症，但我正逢高三時期，我以此為藉口拒絕奶奶，把奶奶趕出房間，還乾脆鎖上了房門。無論奶奶怎麼叫喊，我都沒有打開房門。奶奶平時不曾善待媽媽，生病之後卻老是要找她，這也讓我看了就討厭。我過去認識的奶奶已經不在了，只有老是做出我討厭的舉動的人住在我們家。

我上了大學之後，奶奶再也不說話了，成天躺在房間裡眨著眼睛。因為長期無法走路，奶奶的身體日漸消瘦。奶奶雖然是個病人，但有時會病得更嚴重，碰到這種時候，奶奶就必須常常進出醫院。有一天，媽媽說奶奶今天好像生病了，所以要多花點心思，我卻說：「吼，我明天就要期中考了耶……可以不要再生病了嗎？」

正在準備期中考的我，突然在意起自己稍早前說的話，內心有些愧疚。去看一下奶奶再回來讀書吧。我走進了奶奶的房間，但覺得好像哪裡怪怪的。我結結巴巴地呼喊媽媽，趴著將耳朵貼近奶奶的心臟，聽見了撲通、撲通的聲音。我對飛奔過來的媽媽說奶奶沒事，嘴上這麼說，卻覺得實在太奇怪了。我抓著奶奶，奶奶的身體卻很冰涼。我再次將耳朵湊近，耳旁響起的瘋狂跳動聲並非來自奶奶，奶奶的心臟沒有發出任何聲音。我奶奶就這麼無聲無息地過世了。

「我明天就要期中考了耶，可以不要再生病了嗎？」這句話，也成了我在奶奶過世前說的最後一句話。

舉辦告別式時，我一次也沒有哭，因為我連哭的資格都沒有。爸爸說，奶奶還是很疼我的，對我說了一些事，還說了奶奶幾個月前神智清醒時，用剩餘的存款付清了我上大學的第一筆學費。奶奶擔心會傷及爸爸的自尊，私底下偷偷繳清了。聽完這番話，我就更哭不出來了。

我也還記得那一天。奶奶問我：「我們家孫女考上了什麼大學呀？」我沒考上理想的大學，於是嗆了奶奶一句：「說了奶奶會知道嗎？」爸爸說，聽到我說那種話，還替我繳納學費的奶奶看起來非常幸福，很高興自己過去努力攢下的錢能替孫女繳大學學費。

當時的我還太年輕，不想承認自己對奶奶做了很差勁的事。就像前面說的，我是個早熟的孩子，在朋友們的面前，我從來不會用那種語氣說話，即便是口誤。我不是不諳世事，而是明知故犯，只因為奶奶成了就算我這麼做也無所謂的人。

這件事我真的從來不會對別人說過。其他事情不說，是因為覺得自己不幸，但這件事無論在誰的眼中，都會認為是我太過不孝。我不想在奶奶過世之後，因為說起奶奶的事而哭泣，或者說自己好想念奶奶，我根本沒那個資格。

我知道自己依然沒有資格說這件事，但活在世上，總會有不說出來會受不了的瞬間。就算沒有說的資格，也要試著說出來；就算沒有悲傷的資格，我也想試著去感受悲傷，哪怕是一次也好。可是，我依然沒有信心說出口，所以留到最後才寫這

Q

真的是最後了，還有沒有什麼沒説的？

關於那些未説完的話。

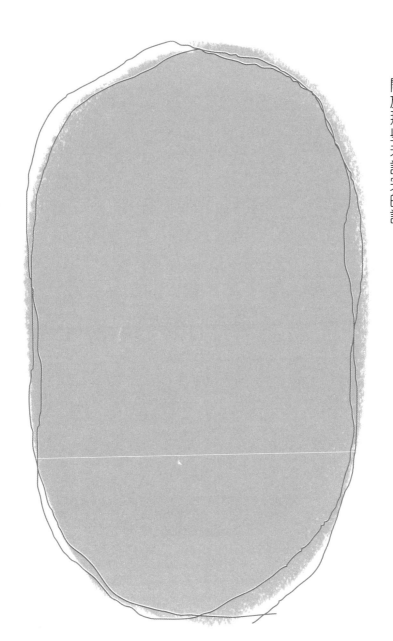

我找到的
一公分跳水

泰秀：現在我們的企劃到了尾聲，不如就來個最後總結吧？要是就這麼結束，好像又會忘得一乾二淨。

一號的一公分跳水清單

1. 游泳游到上氣不接下氣為止。
2. 到投幣式KTV去唱金煙雨的〈離別計程車〉。
3. 搭地鐵時偶遇漢江。
4. 做超大分量的醬油雞蛋飯來吃。
5. 想像自己坐在黑膠唱片機前啜飲紅茶。
6. 不責怪被惡人算計的自己。
7. 和朋友們一邊說「想當年啊……」，一邊暢談過去的回憶。
8. 跟著唱起八〇、九〇年代的歌曲。
9. 閱讀有趣的小說，推薦給他人。
10. 輕輕撫摸貓咪的後腦杓，拍拍牠的屁屁。

#泰秀

11. 每年舉辦一次我的生日派對。
12. 寫完文章之後，偷偷笑個不停。
13. 冬天時，一回家就鑽進事先打開的電熱毯。

二號的一公分跳水清單

1. 有壓力時跑十公尺。
2. 連上遊戲「跑跑卡丁車」射飛彈。
3. 將馬鈴薯刨成絲，做馬鈴薯煎餅吃。
4. 和朋友們碰面之後，問他們《一公分跳水》中出現的問題。
5. 聆聽李尚恩的〈祕密花園〉。
6. 非常主動地決定午餐菜單。
7. 大喊：「儘管如此！」
8. 想像八十歲時成為吉他神童的自己。
9. 到漫畫店，邊吃小泡芙邊看漫畫。
10. 邊喝啤酒邊看《哈利波特》。

#文禎

11. 和朋友家的狗狗（名字是春天、夏天）視訊。
12. 和家人們分享一瓶燒酒，一起微醺。
13. 用文字來抒發過去想遺忘的記憶。

Q

三號的一公分跳水清單。

寫下你所尋找的一公分跳水。

最後的說明書

1. 這本書的出版，是希望除了我們之外，你的人生也能獲得些許幸福。
2. 假如回答問題時會令你感到痛苦，不寫也沒關係。如果僅僅是閱讀此書就能令你舒坦一些，這樣就夠了。
3. 不過，還是希望你能回想一下，「那我自己呢？」我們相信，光是有這個想法，就能改變人生許多事。
4. 想寫下問題的答案，卻不知道該怎麼寫，那就和朋友聊聊吧，也可以和父母聊一下。
5. 最後，如果要送禮物，這本書是再好不……

後記

一公分跳水

一號的結束日記

三十歲的一公分跳水

#泰秀

「喲，面相不錯嘛。」這是電影《犯罪都市》中，張晨朝著初次打照面的其他幫派拋出的台詞。「最近氣色好很多哦。」雖然意思有別，卻和我近期最常聽到的這句話很相似。

進行這項企劃的期間，雖然我極力想要省錢，但花費依舊不少。吃了五千七百元的午餐之後，雖然放棄追加一千元的炒飯，但帳戶餘額仍比進行企劃之前少了一大截，加上還要印刷書本，要擔心的事情多到數不完。

當然啦，假如有人問我：「所以你後悔做這件事了嗎？」我會很肯定地說不後悔。這和年紀漸長就越懷念年輕時期的理由相似。進行這項企劃的期間，我活得很年輕，就像年輕時因為沒有五百元買垃圾食物，所以在鞦韆底下翻找有沒有人掉錢一樣，很容易就對小事感到幸福開心。儘管顯得非常寒酸就是了。

我能再次擁有這種時光嗎？現在大概不可能，因為接下來我會重返職場，繼續過著自己不想要的人生。只不過到時我會逐一去執行寫在這本書的幸福祕訣。碰到情緒低落的日子就閱讀一本小說，遇上暴跳如雷的日子就到投幣式ＫＴＶ去飆一首音很高的情歌。偶爾，還會和好友們一起喝杯啤酒，咀嚼回憶。

三十歲，是對所有人都具有重大意義的年紀，因為這是必須放下稚氣心態的時機點。但是幸好，我這輩子的三十歲似乎能夠留下快樂的記憶。今年邁入而立之年的我，像個十二歲的孩子般幼稚又寒酸，可是卻很純粹。我為自己緊緊抓住了也許是最後僅存的純粹，沒有錯過它而感到慶幸。

往後，我又會過著另一種人生，但十年後就又難說了。四十歲的我，會不會再次打電話給文禎呢？

「文禎，我想到更好玩的點子耶……這次要不要也一起試試看？」

二號的結束日記

最後的企劃

#文禎

此時的我，正面臨著這項企劃的最後挑戰。這裡是美容院，坐在椅子上的我目不轉睛地盯著鏡子說：「我想剪短頭髮。」

過去我始終堅持要留長頭髮。每天早上要吹乾沉重的長髮時，就會興起一股想全部剪掉的衝動，但二十六年來一次也沒有剪短，是因為我誤以為長髮能稍微把臉遮住一些。不過，進行這項企劃時，我多了一個新的魔法咒語，只要有這句咒語，面對任何挑戰，我都能毫無所懼。

「反正也不可能更糟了嘛。」

起初促使我參與這項企劃的這句話，成了日後接受所有挑戰時讓我下定決心的一句話，同時也成了所向無敵的咒語。

十分鐘後，我開始有了「原來還有比想像中更糟的事情啊……」的想法。我看著逐漸剪短的頭髮，心想著，我要收回「所向無敵的咒語」這句話。

把悲傷的故事拋在腦後，必須和逐漸產生感情的企劃道別的時間到了。這段時間發生了許多變化。原本一心顧及他人心情的我，也開始勤快地照顧自己的心情。雖然很幼稚，不過我手上還有一份「心情低落時安撫自己的方法」之類的清單。因為工作不太順利而感到疲憊時，泰秀會說：「下班後我得去游個泳了！」而我也回答：「那我也要在地鐵上讀小說，還有從公車站跑一下再回家！」對某人來說是如此天經地義，甚至覺得這樣的變化也沒什麼大不了，對我們來說，卻如此令人欣喜且珍貴。

兒時的我心想，不幸也具有重量。只要默默承受久了，那些狠毒的人事物遲早會威力削減，我也能變得幸福一些。當我避開家人的視線躲進洗手間，一個人窩在昏暗的房間，將棉被蓋到頭頂時，其實我始終在等待那一刻。

但開始進行這項企劃之後，某天早晨，我突然有了這種想法。「我究竟為什麼要期待其他人來為我的幸福負責呢?要是我一直呆呆地等下去不就慘了嗎?」

也許過去我只是假裝自己早熟懂事,實際上卻是個一心相信大人們說的話的笨蛋,以為只要我不哭,乖乖等待,聖誕老人就會給我禮物。

我很清楚,在如此艱辛的世界上,談論幸福有多麼虛弱無力,所以我很想對和我們一同參與這項企劃至今的人說聲謝謝,同時也想向邀請我參加這趟旅程的泰秀道謝。

我度過了人生中最生氣蓬勃的一個月,我並不後悔。儘管如此,但這類的冒險似乎經歷一次就夠了。所以,假如泰秀再次打電話給我,到時我會毫不猶豫地按下拒絕的按鈕。

只是,我可能會重新打回去,並且這樣說:

「所以是什麼點子?」

後記

一公分跳水

彩蛋：
窩囊的黑歷史

文禎：泰秀，這樣畫下句點好可惜哦……你有沒有覺得自己很窩囊的時候呢？

泰秀：我有！超多！要聽聽看嗎？

文禎：什麼？

我大哥

#泰秀

二〇〇〇年代，電影《愛上蛋白質女孩》、《馬粥街殘酷史》相當盛行，是屬於校園豪爽派男子的時代，當時血氣方剛的國高中生也很跟得上潮流，只要一有眼神交集就會展開決鬥，而我又恰好身處中心地帶——仁川。仁川素有魔界之稱，我家正好住在那裡。當時仁川可以說是處於大決鬥的時代，就像電影演的那樣，才剛開學，校園一整天都在上演打架的戲碼，雖然多半都是以嗆聲畫下句點就是了。

當年念國中的我位於食物鏈的最底層，而我的座右銘就是「既然無法在所有人面前當個強者，那就當個弱者吧」，如此我應該就不必贅述了。但那樣的我，仍有一個致命的弱點——視力很差。視力很差，我卻很討厭戴眼鏡，往往為了確認遠處的人是誰，非得皺起眉頭不可。對那些不良少年來說，沒有比我更好的獵物了。

但我做夢也沒想到，我會在前往教會的路上碰上這種事。那天，我穿著姐姐買給我的衣服去教會，對面走來了兩位外型粗獷、任誰看了都知道絕非善類的大哥。

兩人都留了一頭象徵強悍的蓬鬆剪（Shaggy Cut）髮型。一位大哥身穿有愛迪達四大球衣之稱的「CCCP球衣」，配上天藍色條紋喇叭褲，用很老練的眼神看著我。我的瞳孔彷彿要流出了汗水，但我並沒有屈服，好歹我還有視力很差這個藉口。我的眼神從頭到尾都沒有往下看。

我們在十足的緊張感之中擦肩而過。幸好沒事。我加緊腳步，但走沒幾步，一個熟悉的嗓音就傳了過來。

「喂！」

「請問有什麼事嗎？」我不由自主地變得很恭敬。

「你瞪什麼瞪？」

「我沒有瞪啊，我本來視力就不好，所以會皺著眉頭看別人。」我講了一堆沒用的廢話。

「跟我過來。」

「哦，我是真的，真的沒有瞪……」

當年連導航都沒有，這些人卻能分毫不差地找到一個陰森的角落。這條巷子被四樓高的公寓澈底遮掩住。他們先是朝我的臉頰送上兩拳。好痛，因為太痛了，所以我想逃跑，可是我卻辦不到。兩人一搭一唱，默契極好，一人出手打我時，另一人就會搭腔：「喂，幹麼打他呀？」當下我有種泡三溫暖的感覺。接著，再次輪到「冷水」開口。

「喂，你把鞋子脫掉。」

「呃，這我姐買給我的，不行……」

「臭小子，給我脫掉。誰說要拿走了?只是借來用用。」

「真的……真的不行。」我為什麼就是不肯垂下眼神呢?像我這種咖，還講什麼自尊心?懊悔頓時擴散至全身。拜託，誰來救救我吧，我竟然是在這裡祈禱，而不是在教會。就在此時——

「喂！」說話的人是在巷子旁的公寓二樓抽菸的大哥。與其說他是英雄，不如說他是比惡棍更像惡棍的大哥。超級惡棍說話了。

「上來。」

「冷水」和「熱水」似乎很習以為常地上樓了。但這下麻煩了，我可是受害者耶……

可能是看出我在苦惱，上樓的「熱水」用嘴型說：「快走。」接著我也用嘴型回答：「謝謝您。」接著，我以最快的速度飛奔回家。

十五年前讓我難以釋懷、晚上狠踢棉被洩恨的這一天，不知不覺中成了一道下酒菜。當有人問起「你曾經孬到什麼程度？」時，我經常會回想起這一刻，大家聽完都笑了。很窩囊的記憶竟然也能成為回憶，我對年紀增長又有了另一番體悟。不過，最近回想起這天時，我總忍不住想：

「當時那些大哥……真的是大哥嗎？」

HEART
心視野　心視野系列 083

一公分跳水

不多不少，在現實中尋找逃脫恰好一公分的幸福

1cm 다이빙 : 현실에서 딱 1cm 벗어나는 행복을 찾아 , 일센치 다이빙

作　　者　泰秀（태수）、文禎（문정）
譯　　者　簡郁璇
總 編 輯　何玉美
責任編輯　陳如翎
封面設計　鄭婷之
內頁排版　theBAND · 變設計— Ada

出版發行　采實文化事業股份有限公司
行銷企劃　陳佩宜 · 黃于庭 · 蔡雨庭 · 陳豫萱 · 黃安汝
業務發行　張世明 · 林踏欣 · 林坤蓉 · 王貞玉 · 張惠屏
國際版權　王俐雯 · 林冠妤
印務採購　曾玉霞
會計行政　王雅蕙 · 李韶婉
法律顧問　第一國際法律事務所　余淑杏律師
電子信箱　acme@acmebook.com.tw
采實官網　http://www.acmebook.com.tw
采實臉書　http://www.facebook.com/acmebook01

I S B N　978-986-507-435-7
定　　價　330 元
初版一刷　2021 年 10 月
劃撥帳號　50148859
劃撥戶名　采實文化事業股份有限公司
104 台北市中山區南京東路二段 95 號 9 樓
電話：(02)2511-9798　傳真：(02)2571-3298

國家圖書館出版品預行編目資料

一公分跳水 : 不多不少 , 在現實中尋找逃脫恰好一公分的幸福 /
泰秀（태수）, 文禎（문정）著 ; 簡郁璇譯 .
-- 初版 . – 台北市 : 采實文化事業股份有限公司 , 2021.10
面 ;　公分 .--（心視野系列 ; 83)　譯自 : 1cm 다이빙 :
현실에서 딱 1cm 벗어나는 행복을 찾아 , 일센치 다이빙
ISBN 978-986-507-435-7(平裝)

1. 幸福 2. 人生哲學 3. 生活指導
176.51　　110008268